陈 郁 著

拾金不昧集

上海人民出版社

序

一

随着年岁的增长，愈发体会到"好记性不如烂笔头"的滋味了，当然现在的"笔头"被"鼠标"替代，这是个进步，乃至飞跃，毕竟方便快捷许多。平日里，在书本上浏览到什么，在拍场上搜罗到什么，感觉有意思者、有兴趣者及可资参考者，就用"鼠标"记录下来，分门别类，放在一个文件夹里，或新建一个又一个文件夹。每当看到累积的文字日趋见多时，我都有种莫名的满足感和成就感，故乐此不疲。日积月累，这样的文件夹也有大几十个了，其中一个美其名曰"拾金不昧集"。

说起"拾金不昧",就想到儿时常常唱到:"我在马路边捡到一分钱,把它交到警察叔叔手里边。"路边捡拾而得者,多为不起眼之小玩意,甚至极其细小、轻微,如儿时的"一分钱",而现在拍场上或许价格要高许多,但依然是"人弃吾取"之物,故亦名之谓"捡拾"。虽小,虽轻,也得拾将起来。此处汇集的这些就是通常被称为"金石小品"中的小品。大多很不起眼,多为人所忽视,拓片尺寸亦很小。坦率而言,有些我也是"拾起来"之后慢慢才发现其好玩和有意思之处的。

金石拓本,乃近十年来我之最钟爱者,亦是非常传统的收藏、研究之选项,可谓冷门,故前人有"寒金冷石"之语。晚清时陈介祺曾致书鲍康曰:"寒金冷石,真是好语。然须耐寒人识其所以可与寒梅共守,硕果仅存者,即片纸足供搜讨,不必求其热而不可致者,已为至足。"(《簠斋尺牍》)陈介祺又曾有书致王懿荣曰:"寒金冷石亦是好语,石何足云,金则今太不寒。寒热因人,岂在物乎?所企能耐寒者知其中有所以寒凝者耳。"(《簠斋尺牍》)陈氏所言的确令人深省。近代王献唐先生编有《寒金冷石文字》,相信即此谓也。

金石的构成，其一部分为金，一部分为石。此处"拾金不昧"者，自然仅及金文，石刻文字一类排除于外。小品，直观地讲就是体量小的品种，如吴大澂当年在与陈介祺通信时就把诏版、兵符、汉印等归入小品一类。

对于小品，吴云晚年有书致陈介祺曰："间遇巧宗小品，偶得一二，亦颇欣欣自乐、聊以解嘲而已。"(《两罍轩尺牍》)虽为谦辞，亦道出小品之魅力。当然，热情之下还要勤快，如陈介祺致书潘祖荫曰："寒士得片纸即足，只在勤不勤耳。"(《簠斋尺牍》)概而言之，自得其乐乃至干点好玩、有意思的事情，把自己搞得似乎很忙，外人看来自然"很勤快"，这就是我对"拾金"的理解，并已实践数年。

说过"拾金"，再言"不昧"。不昧者，相对较易理解，即不私自藏掖，而是刊布于众，既是分享，也是求正。本集中若干内容曾在我的个人微信公众号"嘉树堂"上发布过，一方面是与同好共享，皆大欢喜，另一方面也希望得到同道中人和方家的评正。事实上，我的确从他们的评正中多有获益，有些甚至至今素不相识，以至略表谢忱都无从着落。今日汇集出版时，汲取良多，唯有——匡纠不逮。

二

《拾金不昧集》所及小品，起于三代，止于清初，均为器物之铭文，即金文。这类器物历来为人所重，尤其是位列于前的三代之器。阮元在为《积古斋钟鼎彝器款识》作序时，将吉金上升到一个相当高度："形上谓道，形下谓器。……吾谓欲观三代以上之道与器，九经之外，舍钟鼎之属，曷由观之？"朱为弼则在作跋时，历数各类吉金之好处及其重要性："符节并载，量斤咸垂，汉尺与晋尺齐衡，秦权与莽权均录，金师比有度，斗检封有铭，尤六籍之星源、百家之炉橐也。"最终均落实在"款识"，即文字上。

在旧时金石家那里，吉金文字的重要性甚至已超越了器物本身，也正是在此意义上，拓本的价值凸显。陈介祺同治十一年（1873 年）十二月六日致书鲍康，曰："吉金之好，今日直成一时尚，窃谓徒玩色泽，则名为古物，与珠玉珍奇何异？我辈留心文字，必先力去此习，得一拓本足矣。"（《簠斋尺牍》）然而，对吉金文字的研究历来属于小众爱好，用陈介祺的话说是："我辈好文字而不好玩器，焉得不为古人力剖之。落落寡合，唯自守此志而已。"（《簠斋尺牍》）早先的拓片也只存文字耳，的确不如后来出现的全形拓那样讨人喜欢，但对金石家来讲这已足矣。

小众有时意味着艰深。阮元、陈介祺、吴大澂等均属于正统金石家，多少有着小学功底，他们往往把三代吉金文字与先秦典籍联系起来，一方面以文史来考释金文，另一方面用金文补充文史，这样的鉴藏研究的路子旧时被视为"正道"，尽管其中亦多有附会之处。在此过程中，礼器，即礼乐之器，较之日常生活所用之器，受到人们异乎寻常的重视是再自然不过了，相应地，其市场价格或收藏成本亦较高。

既然涉及古代遗物，金石研究必兼及名物之学：原器叫什么名字，有什么用途？陈介祺曾致潘祖荫书曰，"吉金必以经传考定其器，与器之用、与制、与名"，"吉金宜分爨与不爨之用"。(《簠斋尺牍》)爨，在这里更接近其本意，即灶用之物，进而引申为日常生活所用之物。陈介祺所言就是要求区分礼乐之器与日常生活所用之器，这就回到了名物之学。

沿着旧时金石家的路线，《拾金不昧集》难免存在名物论之印迹，且搜寻前贤的只言片语，似为文献资料之综合汇总，但却未尽数三代器，个中也涉及汉唐及其以后之物。金石学从它诞生之日起就是一种在玩的过程中积淀起来的学问，很多金石家同时也是"大玩家"。故集中几十品金文大致可分为两类：一类如传统金石家所好之物，偏重其上文字，基本属于先秦两汉；另一类文字本身似乎不那么重要，器物却可能得到了人们的偏爱，很是好玩，时代较晚，大致为唐宋及其以后之物。张廷济清仪阁藏物就并未单究于三代金文，亦未"嫌弃"唐宋元明之物，有时还大书特书，或许也是抱着"玩"的心态，只是感觉有意思罢了。

总之，虽为小品，体量虽小，分量却不轻，可以做些文章，大多在历史上均有说头，可以历数渊源。

三

单纯的收藏，或许只要鉴别真伪、甄别善劣即可，而一旦要做些文章，要研究考据，牵涉的问题则不可避免地会增多。用《拾金不昧集》中的例子：战国庚寅戈的铭文，阅读顺序是左行还是右行？商立戈子执干形盉的第二个字，究竟释作什么？战国眉脒鼎，究竟如何断代？而战国齐左关鋘，更涉及陈介祺与吴大澂两大金石家之间的交流，才将名物基本弄清。

收藏在某种意义上也是一种"玩"。即使像陈介祺这样正统、保守的金石家，恨不得从钟鼎彝器上把铭文拓印下来后，一直将问题追溯到上古文字的产生，但他也玩得不亦乐乎，而且能玩、会玩。本集中录有一品因他而名声显赫的汉富贵铜壶，所辑文献资料不仅厘清他何时得来此壶，更多的是展现他是如何"玩"的：不仅把此壶与另一汉吉祥铜洗联拓，美其名曰"富贵吉祥"，送予友朋，而且将两者共置一室，曰"富贵吉羊之室"，甚至专门进行了摹刻，用朱砂拓，自诩超过了原拓云云。如今此二器单件拓本多见，陈氏联拓少见，其摹刻朱砂拓本更是稀见。

除了本身的价值以及收藏者、研究者个人的偏好之外，金石一旦成为人们的"玩物"和市场的"宠儿"，其稀缺性就显得至关重要了，即物以稀为贵。历史上一些短命的王朝，其遗物相对较少，存世或出土的吉金就受到人们的追捧，如秦朝的，如两汉间新莽的。同一王朝中，某一帝王在位时间较短，其间遗物也是如此，如明建文朝的。另外，农民起义所建政权也往往较为短暂，其遗物也可作如是观，如元末韩宋政权的。这些品种在本集中均有入录。

纵观全集，有大名品，如秦诏版十二字残片、金奉御从人铜牌；有奇品，如新莽始建国尺、六朝永安五男厌胜钱、唐太和造像；有稀见品，如秦并权、汉橐邑家行镫、北朝北魏赵胡灵造像；以及若干很平常者。所有这些，真实反映了我在收藏研习过程中的体会及思考问题的脉络，因为《拾金不昧集》全部来自于、起源于我的笔记。入录之五十品金文小品中，秦诏版、秦权量最多，近十品，文字篇幅也较长，读者于此也能窥见我对它们的偏好和喜爱，我也一直有计划对它们进行更深入的研究和考察。

当然，本集中也有几品存在异议，甚至被疑伪。如赫赫有名的秦旬邑权，商承祚先生曾有文疑伪。本人以为商先生的见解是有道理的。又如南朝宋韩谦铜造像，一直被认为是六朝铜造像的开山之作，近年亦有人疑伪。至于汉长安铜尺则早有异议。尽管如此，此类品种依然收入，毕竟是名家经眼藏弄之名品，值得参考假借。

需要说明的是，文中所标尺寸是指墨拓的尺寸。如果墨拓为全形，则即是器物的尺寸或接近器物的尺寸；如果仅是铭文，则另当别论，仅此而已。

四

今年春节早早到来，过完元旦，转瞬即至。节假日里，有朋友闲聊起金石，偶尔谈及我这个"拾金不昧集"，称赞"拾金不昧"这个名字好，认为可以做出一本小书来，或许会受读者欢迎。于是此后匆匆然两三个月，我放下手中所有的事情，全力以赴地将那个名为"拾金不昧集"的文件夹里的文字，一步一步地增补、修改、完善起来，最终定满五十品，形成了目前这样一本小书。

《拾金不昧集》即将出版，鸣谢自然是少不了的。首先要将此书的出版归功于何元龙先生。和以往一样，文稿一旦交给了他，我即可"高枕无忧"了，从文字编辑、图片制作到封面设计等等，所有工作他均亲自过问、费心费力。责任编辑赵伟先生，尽心尽责，审读细致，核对引文，校改文字尤多。在此必须向他们表示衷心的谢意。

最后，还要感谢以下诸位朋友：范笑我、仲威、苏平、唐存才、冯磊、杨琳。他们在文献披阅、资料检索、人物考证、金文及印文辨识、图片扫描等方方面面给我提供了许多帮助，不仅速度快，而且卓有成效。本书能在短时间内定稿和完成，与他们的这些帮助是分不开的。当然还应感谢网上那些与我讨论问题的同好，虽然均是不知名者，但我也从他们那里获益良多。

陈　郁

2017 年 6 月于沪上嘉树堂

目录

周伯鱼鼎

周伯鱼鼎一纸，高九点三厘米，广六点五厘米。

陈介祺旧藏器。《簠斋吉金录》有载，名"白鱼鼎"。据《簠斋金文题识》，此鼎出土于易州，同时出土亦有伯鱼敦器盖，一残，铭亦六字，同此。另一勺，无铭。均归陈介祺，陈氏誉之"制作庄古"。

铭六字："白鱼作寶尊彝。""白"字通"伯"字，鱼字象形篆文。吴式芬《捃古录金文》、徐同柏《从古堂款识学》、吴大澂《愙斋集古录》释同。徐氏称之为"周伯鱼鼎"，并注："古以鱼为宁者非一人，此伯鱼即犀伯鱼父，铭彝繁简，古器往往如此。"

刘心源《奇觚室吉金文述》："此本鼎也，而铭云'尊彝'者，本铭不言鼎而言它器之一证。"彝，通称，即彝器。三代器多有此铭，不足怪也。

今人定为西周早期器，下落不详。

此纸乃陈介祺拓本，陈氏印鉴："文字之福。"如同治十三年（1874）十月十二日陈介祺致书王懿荣所言："则文字之福，或可因良朋而益扩耳。"

周鼄鼎

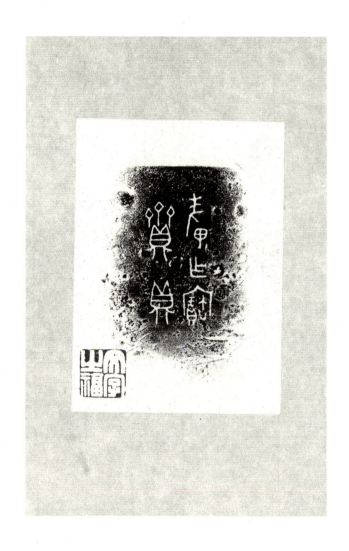

6

周釐鼎盖、器二纸，陈介祺拓本。墨拓器高七点五厘米，广五点五厘米；盖高八厘米，广六厘米。此二纸均钤陈介祺印鉴："文字之福。"

陈介祺藏器，《簠斋吉金录》有载。器、盖同铭五字："釐作寶齍鼎。"

第四字如何释，历来有歧义。据吴式芬《捃古录金文》，齍字，有考为"齊"字，有考为"鼎"字。此字刘心源《奇觚室吉金文述》释作"鬺"，厽为斋，刘氏案："此字，器刻中屡见，字既从鼎，当是鼎名，或即鼐，斋与才声同。"鼐，上端稍收敛而口小的鼎。

马衡《凡将斋金石丛稿》曰："齍，盖盦字。《说文》皿部：'盦，黍稷在器以祀者。'前人以盦盛非鼎实，遂不敢确定。今知鼎之为用，兼饪粢盛，则齍之为盦，复何疑义。"马衡认为，鼎之所以称为"齍鼎"，是就其用途而言的。

7

陈介祺则认为，凡铭"作宝彝"之物皆市场交易之物品，见同治十二年（1873）八月陈介祺致潘祖荫书："其曰作宝尊彝，曰帚（妇）女彝，余谓皆市鬻物。"陈氏还认为此或田齐之器，见同治十三年（1874）三月廿三日陈介祺致王懿荣书："齐金则釐鼎器盖。"另《簠斋金文题识》曰："釐鼎器盖。鼎极小，小者陪鼎，又有盖。耳旁出上曲。鼎小而有盖者罕觏。器盖各五字。出齐地，疑亦田陈物也。"

此器时代现定为西周早期或中期，藏上海博物馆。

战国眉胅鼎

罗振玉《古器物识小录》曰："古礼器多有盖，传世者多佚之。予平生见鼎、敦、簠、簋、尊、壶、觯、角、兕、觥之有盖者，凡数十器。"

眉脒鼎器、盖二纸。墨本盖高六厘米，广七点三厘米，文五字："眉脒一斗半"；盖高五厘米，广四点五厘米，文一"商"字。钤印："金石之福""文字之福"，均陈介祺印鉴。陈氏拓本。

陈介祺旧藏器。因器、盖墨本常常分置，且铭文似不同时代，曾被视为二器。

邹安《周金文存》影印墨本时亦将二纸前后分置二处，分为二器，后又附记弥补："眉脒鼎，六国时器。盖只一字，末商字即盖文。"另见邓实编《簠斋吉金录》存"商字鼎"墨本所录邹氏跋曰："此即眉脒鼎之盖，丁巳（1917）七月邹安记。"

器、盖合一后，因器、盖文字稍有差异，故对器物年代易产生异议。刘心源《奇觚室吉金文述》谓之汉器。《簠斋金文题识》曰："眉胅鼎，与商字鼎盖合，六字、一字。似汉制，则周末矣。盖虽合，未必一器。制为秦汉鼎之权舆矣，古制厚重尔，周末器。"陈氏所言面面俱到，滴水不漏。

《商周金文总著录表》谓之战国器，并曰："盖铭'商'字乃汉后人所刻。"卓见。

商子父庚觶

商子父庚觯一纸，陈介祺拓本，高六点五厘米，广三点五厘米。陈氏印鉴："文字之福。"

此器乃陈介祺旧藏器，《簠斋吉金录》有载，铭文三字："子父庚。"

陈氏多次与友人谈及：三代器铭文字多为佳，字奇为佳，字大为佳。字大者，笔画粗厚者为佳。此品似乎属于后者。故《簠斋金文题识》曰："子父庚觯，三字，古厚浑沦，如今羊毫大笔书。"

据刘体智《小校经阁金石文字》所存墨本钤印"善斋所藏"可知，此器后归刘体智。另刘氏《善斋吉金录》存钩摹全形，并记此器"身高五寸七分，口径三寸二分，底径三寸"。

刘体智（1879—1963），字晦之，号善斋老人，安徽庐江人，清四川总督刘秉璋第四子，民国藏书家。

《商周金文总著录表》定其时代为殷商后期，现藏地不明。国家图书馆存有全形。

商戈御父丁盉

商戈御父丁盉二纸。墨拓器高六厘米，广四点五厘米；盖高七厘米，广三点八厘米。钤印："簠斋藏三代器。"陈介祺印鉴，陈氏拓本。

此器时代为商代后期，陈介祺旧藏器。《簠斋金文题识》曰："商立瞿子执干形盉器、立瞿子执干形盉盖。盖与器有连环。器盖各六字，文古而美。子执干，当是刊，或曰人名。"《簠斋吉金录》曰："文在錾内。"器、盖同文，陈氏均释作"立瞿子执干形父丁"。

此器铭文多有歧义，主要是第二个象形字如何释读的问题。吴式芬《捃古录金文》释作"立戈形干子作父丁彝"，《窓斋集古录》释作"立戈形干形跪子形作父丁彝"。

刘心源《奇觚室吉金文述》名之曰"戈卬盉"，铭释作"戈卬作父丁彝"，将第二字释作卬。并案："戈姓，卬名。……戈，夏时戈国之后。"又曰："或释'子干'二字，非姓谱。"有点毫厘千里之谬。

该器现藏日本京都泉屋博物馆。《泉屋清赏》名之曰"戈卬作父丁盉"。容庚据此录入《海外吉金图录》，并有说明："此盉三足，有流有鋬。盖有半环以系于器。盖与器各有云雷纹一道。通体被青绿紫褐之虾蟆斑，器内铜色尚灿然。"

《商周金文总著录表》所录器名第二字使用的是原铭象形文字，未作今释。《国家图书馆藏陈介祺藏古拓本选编：青铜卷》载器盖铭墨本，与此间拓本同，亦陈介祺拓本，钤"簠斋藏三代器"印，铭文释作"戈御作父丁彝"，器名"戈御父丁盉"，从之。

商立戈子执戈

阮元《积古斋钟鼎彝器款识》曰："三代以上称人之战者，曰卒、伍、军、旅，不曰兵；曰兵者，戈、戟、弓、矢之属之专名也。"

马衡《凡将斋金石丛稿》曰："古兵之制，屡有变迁，石器时代以石为之，秦以前用铜，汉以后乃用铁。今传世古兵，多以铜制，皆先秦及汉初物也。"

嘉兴张廷济多有古兵弄藏，其《清仪阁杂咏》有咏兵文拓本诗："武库纵横字几行，龙吟纸上挟风霜。此身特少不平事，到眼如登古战场。说剑最宜供李吏，销兵终是陋秦王。开函不敢高声读，恐有星虚射夜光。"

商戈一纸，全形墨本，清末民初所拓。高二十五点二厘米，广七点六厘米。

同治间陈介祺有书致鲍康曰：吉金，"字少为古"。此器止一字，且为一象形文字，识为"立戈"与"子执"，故定为殷商之物，释作"立戈子执戈"。

邹安《周金文存》卷六上册著录，所载亦此墨本，名"子执戈句兵"，列入"戠瞿"一类。

罗振玉似不以为然，《古器物识小录》曰：商戈，"其制与戈同；而无胡，内上亦无穿，又与戈异。予疑商之戈制如此。前人多谓戈之无胡者为瞿，殆未必然也"。

王辰《续殷文存》仅见铭文墨本，王献唐先生转录于《国史金石志稿》，并案，大意是：邹安《周金文存》和刘体智《小校经阁金石文字》见有殷商立戈子执戈，均可疑。不知依据何在。

此器似近代出土，时间虽晚，但弄藏不详。惟见此处拓片有钤印："石潜手拓。"吴隐（1867—1922），字石潜，金石家、篆刻家，西泠印社创始人。此纸乃吴隐所拓，或为研考原器拓藏情况提供了线索和信息。

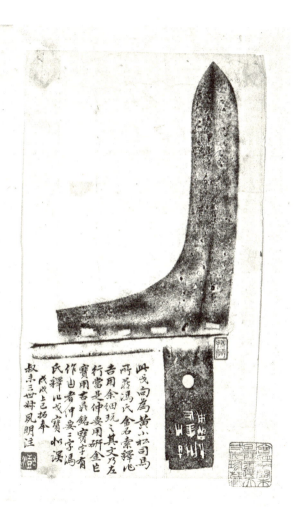

战国庚寅戈

此戈向為黃小松司馬
兩藏馮氏金石索釋此
吉用余細玩之其文乃左
行當是仲要用研金匕
寶用吉鼎銘寶字有
作山者仲要三字馮
氏釋此戈寶卅溪
戊戌上巳拓奉
叔未三世妹凰明注

25

庚寅戈，战国前期物。全形一纸，器高二十七厘米，广十三点五厘米。墨本钤印："夙明手拓。"何澍拓赠张廷济者。鉴藏印一："曾经云间朱孔阳朱德天贰代珍藏"。朱孔阳（1892—1986），上海松江人，喜书画，好金石。

　　何澍，钱塘人，何元锡子，张廷济、徐同柏金石之友。据褚德彝《金石学录续补》，何澍，"字夙明，诸生，亦精金文考证之学。藏伯郑鬲、戏伯鬲、仲丁父鬲，见古钟鼎款识，皆手拓之，集成六巨册，约一千余种，藏器处曰益寿馆"。刘体智《小校经阁金石文字》卷二存伯矩鼎何澍拓本，有翁叔均题曰："夙明为梦华先生子，能继家学，于吉金尤酷嗜，所蓄无不臻美。"

　　是纸何澍题记："此戈向为黄小松司马所藏，冯氏《金石索》释作'吉用'。余细玩之，其文乃左行，当是'仲要用研金作寶用'。古鼎铭'寶'字有作'⿸𠂤'者，'仲要'二字冯氏释作'戈寶'，似误。戊戌（1838）上巳拓奉叔未三世叔，凤明注。"钤印"澍"。

　　冯云鹏、冯云鹓《金石索》名之曰"吉戈"，释文作"吉用研金作戈寶用"，言黄小松藏器。徐同柏《从古堂款识学》释文作"吉用凵金作戈寅用"。吴式芬《捃古录金文》释作"吉用所金作方寅用"，基本采用徐氏之说，仍右行，但"方寅"二字似采自阮元。

　　此戈铭文如何释读，多有歧义。个别字如何释文姑且不论，前引冯氏、徐氏等铭文右行，不妥。

　　此处何氏题记明言铭文左行，卓见，虽说其也有个别字解释不当。早先，阮元《积古斋钟鼎彝器款识》释文即作左行："方寅用所金作宝用"，并言据赵魏所藏拓本摹入。

　　此戈有清一代多见著录。近代邹安《周金文存》卷六上册录入时，所载墨本与此纸同，均何澍手拓。邹氏跋止片语："积古斋题方寅戈。"

　　刘体智《小校经阁金石文字》亦名之"方寅戈"，所载墨本有三家题跋。张廷济跋："此戈为小松所藏，阮氏据赵氏摹入款识，未详出处。铭八字，左行。第三行首一字，阮氏释'所'字。此字特微渺，未可臆定也。"钱泳道光戊戌年（1838）跋："周方寅戈。此戈铸款绝类鼎彝文字，周制无疑。"翁大年跋"黄秋盦得之济南"云云。

铭文左行首二字今多释作"庚寅"，《商周金文总著录表》名之曰"庚寅戈"，并言其为黄小松、瞿颖山旧藏，据此纸似应补入亦何澍旧藏物耳。瞿世瑛（约1820—1890），号颖山，钱塘人，以藏书家名世。

战国郾王戈

郾王戈，战国晚期之燕国兵器。先秦时燕王称"郾王"，国名称"郾"，秦始皇统一列国后改"郾"为"燕"。

此戈存一纸七字，清拓本。墨拓铭文尺寸：高八点八厘米，广二点九厘米。钤印"北山居士"，似施蛰存先生印鉴。

铭为典型先秦之燕国文字，曰："右攻君青，其攻竖。"此处，"攻"通"工"，"君"即"尹"，官名。青，人名，负责操办铸戈者；竖，造戈之工匠名。此为戈之反面，佚正面墨本。

此器出土较早，具体时间和地点不详，现藏地亦不详。罗振玉《古器物识小录》有言："同光间，易州出郾戈甚多，皆大于常戈，有胡，下之刃曲折有二三锋，刃凸出如波之起伏，不似他戈胡刃直下者。"此戈或许亦河北易县出，该地是为燕下都，至上世纪七十年代一直不断有郾王戈出土。

偶见同治十三年（1874）七月十一日陈介祺致书王懿

荣，曰："郾侯鼎字，……燕释甚定，郾王戈亦可定。"陈介祺所言甚确，彼时陈氏已藏有多件郾王戈、郾王矛，存四字至八字不等，均出自山左。对此，陈氏另有一解，见《簠斋金文题识》："燕戈多出齐地，宣王所俘与。"

此郾王戈后归端方，《陶斋吉金续录》卷二载有钩摹之全形及两面铭文之墨拓，的如罗振玉所言，此戈有胡。并录端方氏手书尺寸："右通长一尺一寸六分，径五寸九分。"

正面铭文七字："郾王喾受，行议镞。"此处，"郾王"即"燕王"，"议"通"仪"，镞为此兵器的古称，属于戟戈一类。此器铭文总计十四字，属戟戈类兵器中铭文甚长者，故镌铭延及背面。

全文大意为：燕王喾监制之戈，用于仪仗队行列，由官尹的一个名叫青的人具体操办，由其下属的一个名叫竖的工匠制造。可见，燕国兵器以国君名字为器主，但实非国君亲用之器。由此及至春秋战国时之列国兵器，是否均有此情形。

另有罗振玉《三代吉金文存》、邹安《周金文存》存墨本，旧时著录多在近代。当代著录甚多，《殷周金文集成》《商周金文总著录表》有载，并有学人专此进行过研究。

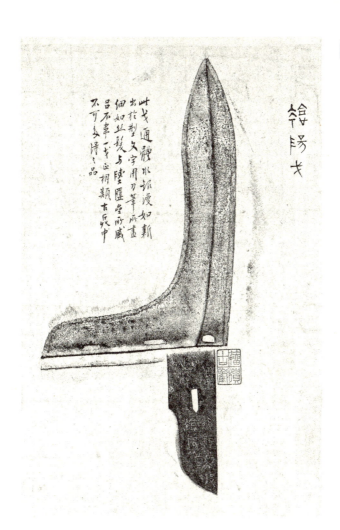

战国銯阳戈

銯陽戈

此戈通體水銹漫漫如新出柝型又字用刀筆成畫細如丝髮与陸匯堂所藏品不東一率此桐類古辰中不可多得之品

33

战国䇞阳戈全形一纸，高二十五点六厘米，广十一点五厘米。褚德彝钤印："籀遗古欢。"

褚德彝拓本，并题识："䇞阳戈。此戈通体水银，漫如新。出于型，文字用刀笔所画，细如丝发，与陈簠斋所藏吕不韦一戈正相类。古兵中不可多得之品。"

铭文二行八字，的如褚氏所言"细如丝发"，不易辨析。后行四字似"䇞阳廿三"。

首一字邹安释作"非"，《周金文存》卷六上册著录，取首二字，名其为"非钼戈"。所载墨本有褚氏钤印："礼堂藏金石刻辞。"

褚德彝旧物，后归罗振玉，入录《三代吉金文存》，亦右行，取首二字原形命名，首字不释作"非"。此从褚氏题识，名之"䇞阳戈"。

34

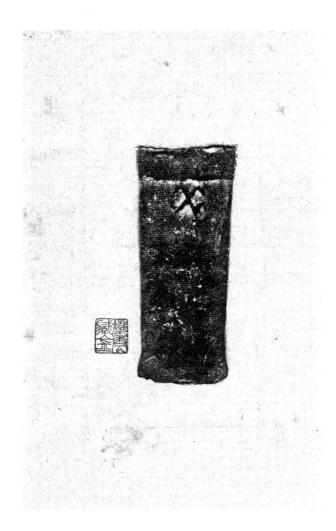

周癸斧

癸斧一纸，高九厘米，广四厘米。钤印："铁云藏金。"刘鹗拓本。

铭阳文一字"癸"，刘鹗藏器。据刘氏《壬寅日记》，似其一九〇二年七月八日购自琉璃厂德宝斋王翰甫处。

铁云藏龟、藏陶、泥封、藏印、藏货均成书，未见藏金之书。多见存世钤"铁云藏金"印之吉金墨本，后由同乡鲍鼎辑成《抱残守缺斋藏器目》，此斧有载。

另见刘体智《小校经阁金石文字》存墨本，名之"癸斧"，亦刘鹗拓本，钤印："铁云藏金。"后归罗振玉，录入《贞松堂集古遗文》，罗氏题记："癸斧，一字，贞松堂藏，阳识。"

据《商周金文总著录表》，此器现藏于旅顺博物馆，似应为罗振玉捐赠，定其时代为西周早期，从之。

汉章和弩机

关于弩机，陈介祺在光绪元年（1875）某日拓毕，题记甚详，见《簠斋金文题识》："古弩机之制，外为郭。郭，廓也。其自廓面上出者为牙，牙所以钩弦开体也。其中藏者为臂，名之以其形，所以捩牙者也。其下出者为机，机动则臂动，臂动则牙动而弩发也。其横穿之二为键，键之圈，机之所以转也。古人之巧皆神明，规矩而坚朴。……洋人则以发条为机，用久则弱而力减。今改用火，皆糜费行险而不可久之智也。"

最早有文字记载弩机的发现和著录或在宋朝。沈括《梦溪笔谈》言及在山东郓城得一弩机，但可能当时所知甚寡，不知为哪朝哪代之物。薛尚功《历代钟鼎彝器款识法帖》亦有弩机著录，并释款识。近代罗振玉《古器物识小录》曰："传世弩机，汉魏两朝为多。"

汉章和弩机全形一纸，陈介祺拓本。墨本器物高二十一厘米，广十三厘米。钤印三："海滨病史""揆一考藏""北山居士"，分别为陈介祺、曹元忠、施蛰存之印鉴。

曹元忠（1865—1923），晚清、民国藏书家、校勘学家，字夔一，一作揆一，号君直，晚号凌波居士，吴县人。

铭文二十一字："章和元年八月朔日，中尚方造，所制紫间之一臂，师衡。"中尚方，东汉时期掌管宫廷兵器制造的机构。紫间，弩机的名字。臂，原指弩机的木臂，现为量词。师，指制作工匠。衡，工匠的名字。

此器为陈介祺旧藏，未见任何著录。邓实辑《簠斋吉金录》存陈氏弩机十八品，亦未见此者。此纸似可补阙。

山西博物院藏有一汉章和弩机，极似此器。其使用错金银工艺，为清代仿造，铭文二十三字："章和元年八月朔日，中尚方造，所制紫间之一臂，师衡，廿九。"仅多末"廿九"二字，应为弩机的编号。

战国齐左关鋢

同治十三年（1874）三月廿三日，陈介祺致书王懿荣，曰："田陈之器，自是齐金，齐人齐语，当兼收之。"

　　左关铍，铜质，战国早期田齐使用之物，为存世有铭文的最早的量器之一，现藏上海博物馆。

　　铭文墨拓高五点八厘米，广五点八厘米。钤印："陈氏吉金""簠斋藏三代器"。陈介祺拓本。

　　此器与子禾子釜、陈纯釜两铜量同时出土于山东胶州灵山卫古城。三器后均归陈介祺。陈氏曾与鲍康书谈及："胶西灵山卫古城傍，出土铜器三。二似罐形，一似半匏，有流。"此三件量器意义重大，如马衡《凡将斋金石丛稿》曰："前人之考古量者，始自嬴秦。然潍县陈氏所藏左关釜二，左关铍一，实皆量也。"

　　关于出土时间，民国《山东通志》卷百四十七说是清道光年间。《簠斋金文题识》则云："咸丰丁巳（1857）间，二区一鋘同出胶西灵山卫古城。张小云为购之。"容庚《商周彝器通考》从陈氏说。今从陈氏、容氏之说，定为清咸丰七年（1857）。

《簠斋金文题识》又云：左关鋘，"古量，四字。字不见许书。十鋘正及区颈之肩，所谓小斗收也，大斗贷则当区矣。形如半匏，有流，与二区同出胶西灵山卫古城址。左关当是今灵山卫古城地，右关则今沂水县之穆陵关也。余有右关司马印，出齐地。"另，陈氏在与友朋往来通信中多次谈及"区鋘"之器，有时进一步称之为"二区一鋘"，并把其视为量器。

陈介祺对此三量的准确认识，尤其称"区"为"釜"，当来源于吴大澂。同治十三年（1874）九月二日陈介祺致书王懿荣，曰："区鋘释，清卿颇有所见，胜于弟说，如未见，当并录上。"此前，同年四月，陈介祺书予吴大澂还说："大著区鋘释文，釜字甚是，唯器形似钟而不似釜，不可烹煮。又《史记》妪乎之文，必是区鋘，可以两说并存。"又见吴氏《愙斋集古录》存陈介祺所赠墨本上有陈氏题记："左关鋘与二区同出器"云云。

《簠斋吉金录》有载。旧释铭文曰"左关之鋘"。今释作

"左关之鈳"，器名则曰"左关铜鈳"。当今人们基本接受陈介祺之说，确认鈳是介于升与釜之间当年田齐使用的一种新的量器。

据《中国古代度量衡图集》，此器，高十点八厘米，口径十九点四厘米，容二千零七十毫升，即同时出土的子禾子釜铭文"左关釜节于廪釜，关鈳节于廪牪"所说的"关鈳"。

北京国家图书馆有全形，王秀仁拓。

战国齐右里盌

右里盌，铜质，亦陈介祺弆藏田齐之物，战国后期量器。传山东临淄出土，现藏于北京中国国家博物馆。

铭文墨拓高五点八厘米，广五厘米。钤印："簠斋藏三代器。"陈介祺拓本。如上左关镁，此右里盌作为先秦量器，亦意义殊重。

《簠斋金文题识》曰："右里鎏，字不见许书。四字，得之白浪河干市上。"《簠斋吉金录》有载。旧释铭文曰"右里啟盌"。刘心源《奇觚室吉金文述》案："右里，地名；啟，人名。"

容庚《商周彝器通考》说甚详："《说文》皿部：'盌，小盂也。'又瓦部：'㼫，小盂也。'音训相同，盖是一字。金文作鎏，从金，与盤作鎝同。有柄，所以斟水，与《说文》说异。"邹安《周金文存》亦释其为"鎏"。

故今铭文释作"右里㪔鎏"，名之曰"右里铜量"。

据《中国古代度量衡图集》，此器全长二十四点四厘米，高九点四厘米，口径十三点二厘米，容一千零二十五毫升。当年同时出土的另一同文铜量器，亦为陈介祺所藏。此器为大，容量为另一个的五倍。

山东临淄一地多有此类器出。一九九二年四月，又出一同文之铜量。

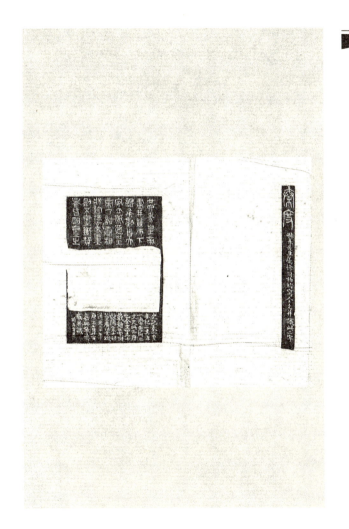

秦诏版十二字残片一

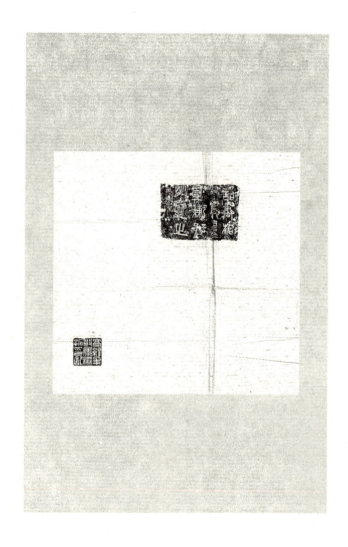

秦始皇铜诏版并贮藏木匣一纸。诏版高四点八厘米，广七点三厘米，残存秦始皇诏十二字："诏丞相，法度量，壹歉疑，明壹之。"拓片钤印："高绎求收集橅拓印记"，为高络园手拓。高时敷（1886—1976），字绎求，一字弋虬，号络园。

据文献记载，最早发现秦权量上诏文，并以之证文史者是在北齐，如李遇孙《金石学录》曰："颜之推《家训·书证篇》，据秦时铁称权旁有铜涂镌铭'诏丞相状、绾'古隶文，知'隗林'之当作'隗状'也。"此后宋时亦有记载，但有拓本传世者，此十二字铜诏版残片最古，亦是相当珍贵的名品。

嘉兴张氏清仪阁旧物，《清仪阁所藏古器物文》册二存墨本，有道光壬午（1822）二月廿七日张跋，详述秦诏权量文字的发现历史："秦始皇、二世时，斤权度量率镌诏文于上。欧阳文忠公在秘阁校理文同家见二物，一铜镘，不知为何器，上有铭，循环读之乃前一铭也。一铜方版，可三四寸许，所刻乃后一铭也。其文与颜之推《家训》所载见于长安官库中秦权，称权，旁镌铭二者正同。及后又于集贤校理陆经家得一铜版，所刻与前一铭亦同云云。案，前一铭者'廿六年皇帝尽兼天下诸侯'之四十字是始皇诏也，后一铭者'元年制诏丞相斯去疾'之六十字是二世诏也。此始皇时所镌，诏文之版本八行，行五字，今仅存四行十二字耳。"

张氏此物得自赵魏，张跋亦有志："嘉庆廿一年丙子（1816）五月一日，仁和老友赵晋斋魏自扬州得以见贻，余报以白金四十。寰宇中秦金石刻，泰山廿九字已毁，今复出烬余十字；琅琊台存十三行八十六字；施藕堂家之量（今已入百鞠溪副相家），存前后两铭。然皆二世时物，则始皇时相斯真迹已无只字。此真凤毛麟角，为人间希有之珍也。"

此器赵魏得自扬州厂肆，曾向张氏详述经过，还颇有传奇性，同见上揭张跋："庚辰（1820）十二月五日，赵友晋斋来语余云：秦诏残版见于扬州古董肆中，装作都陈盘，配铜瓷玉石九件头，索价一百六十金。欲拆其一，不可，归杭州。再至扬，物尚在，拟摘买，仍不谐，又归。又至，适胡研农观察稷之官江西，过扬州，思购旧物以作缟纻之资。余作缘，与是肆交易二百余金。最后，余携是盘过胡，胡不售，于还时，余取出是物，与以四金，益以二，又益以一，乃买，断计见时至得已阅三年。扬州通邑大都，过者岂少，通材达识即如秦敦甫、江郑堂，身处其地，亦极博雅耆古，乃竟未一见，及比买后不二月，此盘即售去矣，云云。噫，以三年之久、千里之遥，宛转迂折入吾村居，岂非金石奇缘耶。"

事后，张廷济颇感其缘："晋斋又云：得是版时，居停于秦敦甫太史处，秦豪夺之，不可。何友梦华元锡是时亦在扬，欲以十金易之，亦不许。晋斋自扬归舟，迂道过新篁里，即举以相赠余，其家中人未之见也。戊寅（1818）八月，余至省，过晋斋竹崦盦时，是版在行箧。晋斋持入与夫人、众子女辈共观赏一过，盖晋翁鉴古数十年，此亦一大得意事也。先是嘉庆十八年癸酉（1813）十二月廿一日，晋斋自扬来，以秦权二质钱于余。阅年赎去。其权圜而丰，下遍涂黄金，各镌始皇、二世二诏，文末俱有平阳斤三字。其文字都不精，与积古斋所载权斤据江郑堂所藏严氏旧拓本等等，盖后人仿造物也。阅三年，而真器果至，是赝斤之质若

53

预为之兆也。是又一缘也。"

器已残，无从证史，故张氏感言："北齐颜之推据'官库铁称权丞相状'证《史记·始皇本纪》，丞相'隗林'之当作'隗状'。今积古斋所载斤权文与余曾质存二斤之文，正作'状'。施氏量丞相下二字适蚀，此版惜亦失去此字，无从为黄门作一佐证。"

张廷济考其文为秦小篆，言李斯书者，并考秦制，再次兼及前人著述。张氏隔日又记，甚详："董彦远《广川书跋》载：京兆田氏世得铜镮一，其制即始皇帝权铭。又得方版，才三寸有奇，校以汉度，得五寸，其刻铭则秦二世诏也。往时文与可得此二物，盖其一时所制，而镮为前诏版，方为后诏，疑为两代异器偶相合于此。余考之，即古规矩之器也。古者定法之制，始于权，平于衡，衡连生规，规为榘。规榘自是器名，故以寓方圆之法。后世不知其法，徒守其名，率至不知规榘所在。此其为方圆者，且得有法数度量可考于其间耶，云云。案：所谓镮者即是斤、是权，欧阳谓其上有诏，循环读之。余昔质之二斤虽系仿造，然亦必有所本，与此正合。杭州施氏藏器系宋芝山所赠，据芝山言，其形实是量器，此版校以汉度得五寸，则此即是秦始皇时之度。广川

54

引荀子云：五寸之枓，尽天下之方。似名锾为规名，方版为枓，要不若直名之为权度更得其实，且合之二斤与量而亡秦权度量之文尽备，姬后刘前之遗文坠制不了了在目中耶？且镌前诏者定为始皇时器，镌后诏者定为二世时器。其一器而具两诏者，亦定为二世时器，盖后诏明言'法度量，尽始皇帝为之，皆有刻辞焉'。则始皇之权度量刻始皇之诏，断无可疑。而文氏、田氏之锾与方版断为两代异器，欧阳与广川何未之核定也。是刻文较施氏量更典重有法，自是相斯真迹，为千古小篆初祖。其即欧阳所得与否，不可知。然广川去欧阳未远，已止见后诏之版，则前诏之方铜在董时已绝少流传。今后广川又数百年，余亦何幸而得之耶。"

因见"法度量"三字，张廷济名其为"秦度"，并特制木匣，亦见墨本，高十一厘米，广七点六厘米，厚一厘米。匣铭一："秦度，叔未先生属，徐同柏缩写全文，并识此二字。"铭二："《史记·秦始皇本纪》：二十六年，一法度、衡、石、丈尺。此即度也。全文四十字，载《颜氏家训》《欧阳集古录》《董广川书跋》。道光二十年庚子（1840）七月廿三日，嘉兴张廷济藏并识，时年七十又三。"

张廷济"秦度"之说究竟何如？

秦诏版十二字残片二

58

张氏清仪阁旧藏物，历经太平天国战乱，大多不是佚失就是烬毁。此秦始皇铜诏版十二字残片躲过一劫，战后归吴云两罍轩。

《清仪阁所藏古器物文》实为后人辑印，册二中有褚德彝录鲍昌熙《金石屑》文，言及此版归吴云："右秦诏版残字，山西宋芝山学博葆淳购于扬州，以赠吾乡张叔未先生廷济，为清仪阁吉金之一，近归吴兴吴平斋年丈，已摹入《两罍轩彝器图释》。"如前所述，是器乃赵魏购自扬州以赠张廷济，非宋葆淳者。褚跋有误，源自鲍氏。

器归吴氏两罍轩后，吴云摹入《两罍轩彝器图释》，卷九载吴氏考据，基本转自张廷济，曰：秦度量，"重今库平二两五钱三分，旧为张叔未所藏。其全文四十字，载《颜氏家训》《欧阳集古录》《董广川书跋》《阮氏积古斋》亦载有二器，名'秦量'，张叔未名'秦度'。《集古录》名'秦度量'，今从之。张叔未云：秦始皇、二世时，斤权度量率镌诏文于上，其'廿六年皇帝尽兼天下诸侯'之四十字是始皇诏也，其'元年制诏丞相斯去疾'之六十字是二世诏也。此始皇时所镌，诏文之版本八行，行五字，今仅存四行十二字耳。寰宇中秦金石刻，泰山廿九字已毁，今复出烬余十字；琅邪台存十三行八十六字；施藕堂家之量存前后两铭，今已入百鞠溪副相家。然皆二世时物，则始皇时相斯真迹已无只字。此真凤毛麟角，为人间希有之宝也。又云：镌前诏者定为始皇时器，镌后诏者定为二世时器。其一器而具两诏者，亦定为二世时器，盖后诏明言'壹法度量，尽始皇帝为之，皆有刻辞焉'。则始皇之斤权度量刻始皇之诏，断无可疑。是器篆文较施氏量更为典重有法，自是相斯真迹，为千古小篆初祖矣"。

吴氏还提及吴让之见此物后的一段事迹，真性情也，可作谈资："余往读张氏《清仪阁笔记》，见其详叙遭遇此器之缘，爱护等于头目，乱后散失，归于余斋。曾携至邗上家，攘之见之，焚香拱揖，正色谓余曰：欲向君借取十日，手拓千百，分使行止坐卧触处，皆有此十二字，则吾老年篆法必有进境。其倾倒如此，亦饶有米老颠痴风致也。"

此器为吴云幼子得来，当其细数此器之源流，平斋老人自然联想到已去世之幼子，万般情感诉诸笔端，亦不失大丈夫所为："此器与汉永始鼎，皆亡九儿承溥于乱后市肆中物色得之。溥儿年仅及冠，已补博士弟子员，其于金石篆刻殆有天授，所作篆隶古趣横生，诗词亦雅，有宋元人风格，乃天不永其年，余亦悲伤致病搁笔者多季。其手迹为儿辈检藏殆尽，余亦不忍启视也。今家藏《彝器图释》一书考订卒业，哀溥儿之未及见，附记于此，不自觉其老泪之盈睫也。"

如张廷济一样，吴云依然视此器为重宝。见刘体智《小校经阁金石文字》卷十一存墨本，上有吴云跋："汉宣帝论王次仲书一字千金。此十二字乃上蔡手迹，为海内秦诏之冠，足以当之。"

此秦铜诏版残片二纸，均吴云拓本。其一钤印："归安吴氏藏器""两罍轩考藏吉金之印"。其二钤印："归安吴氏藏器""亦颇以文墨自慰"。末一印为吴昌硕奏刀，后一纸当晚矣。此器存世多吴氏两罍轩时拓本，其他时期拓本均不多见。近见上海图书馆藏张氏清仪阁拓本，钤"嘉兴张廷济字叔未行三居履仁乡张村里藏经籍金石书画印"及"六舟手拓"二印，并六舟观款："道光癸卯（1843年）四月，六舟观于醉经阁"，另翁叔钧长跋。

秦诏版十二字残片三

此廿六年詔版也舊為張叔未藏器後歸吳平齋吳氏古
器已斥賣殆盡此物不知入何人之手

此器存张廷济处时，张氏曾拓赠陈介祺，并题："秦始皇残度。道光癸卯（1843）三月一日，以宋纸拓本寄寿卿先生至友鉴。嘉兴小弟张廷济年七十六。"墨本存容庚《秦汉金文录》。张廷济年长陈介祺许多，自称"小弟"，愈谦逊则愈得意耳。时隔三十年后，此器转归吴云，陈介祺多次函致吴氏索要拓本，而且一次数量惊人，见同治十三年（1874）四月八日书："望秦诏九字残版精拓五六十本之惠，与诸秦拓并传之。"陈介祺时常将十二字残版书为九字，此笔误似乎成其习惯矣。下同。

有时，他还对具体拓制提出要求和建议，如同治十二年（1873）十月十三日书："残诏字尤乞精拓佳墨，墨无他佳者，只是黑上者油烟（澡堂中者即佳）松加油也。愈佳愈轻，次者松烟上浮者，下则锅烟与木炭耳。"

在与吴云的信函中，陈介祺以为此为诏版，非张廷济所谓之"秦度"。其一，同治十一年（1872）九月二日书："秦度，前损三行，上损二字，角亦无穿痕，当仍是施于木量者，非度也。"其二，同治十二年（1873）二月二十四日书："贵藏清仪阁秦度，虽据欧录名之，仍是木量铜版。"其三，同治十二年（1873）七月二十九日书："度是度，量是量，不可以一器兼二名而沿旧误。张直名度亦误，乃施于木斗斛者。刘作秦铜诏版，不言其为何器，亦非。余名为秦量诏版。"此处刘姓者，盖指刘喜海。刘氏亦是较早关注并收藏秦诏版者，陈介祺所藏秦诏版中其二即刘氏旧藏，甚为著名。

陈氏之言极是，得到后人的首肯，如吴大澂等。又见吴云拓本有褚德彝题曰："此残铜诏版，张氏清仪阁旧藏，以为度则，非也。考证古器物当以后起为胜。"不过，当时吴云回复陈介祺时却语焉不详，未言可否。在《两罍轩尺牍》中，吴氏依然称之为"秦度"："诏中有度量二字，故从欧说，以度量名之，亦明知度是度、量是量耳。向于秦金残诏未见全器，久蓄疑团，亟欲一广见闻，尚求详示。"当然，对于陈介祺的要求，吴云均一一满足，多次拓寄。

另外，陈介祺还曾致书鲍康，建议他转请潘祖荫，向吴云索求此版拓本。其一，同治十二年（1873）八月三日书：
"张叔未残版，已得拓本否？尚可分副，或属伯寅向平斋索
之。"其二，同治十三年（1874）二月十五日书："吴退楼九
字残秦诏版，已由伯寅得拓本否？退楼吉金，颇有精品。"

此器出土及著录甚早，为大名品，有清一代直至民
国，吴荣光《筠清馆金石文字》、徐同柏《从古堂款识
学》、吴大澂《愙斋集古录》、罗振玉《秦金石刻辞》、邓实
《神州国光集》等均有载，名拓手如翁叔均、魏稼孙等均有
所拓墨本传世，一直为金石藏家标配之物。

秦始皇诏版十二字残片一纸，钤印"稼孙手拓""松窗
集古"，为魏稼孙所拓者，褚德彝藏，旁有佚名题记："此器
诏版也。旧为张叔未藏器，后归吴平斋。吴氏古器已斥卖殆
尽，此物不知入何人之手。"前见民国高络园拓本，原器似
尚在江浙一带。日前，马成名先生告知："上世纪七十年代
后期，我曾经见过这件原物，在绍兴古籍书店，张跋是刻在
樱桃木上的。要拾六元人民币。"今日，它又在哪里呢？

秦始皇诏版

有关搜集秦篆文字的重要性，陈介祺同治年间有书致吴云曰："虽不及钟鼎文字，然暴秦忽焉，柔豪之法实始于斯，不可不重也。"

陈介祺旧藏秦始皇铜诏版一纸。高九点五厘米，广八厘米。陈介祺拓本，陈氏钤印二："簠斋先秦文字""集秦斯之大观"。另江姓鉴藏印一。

铭始皇四十字诏："廿六年，皇帝尽并兼天下诸侯，黔首大安，立号为皇帝，乃诏丞相状、绾，法度量则，不壹、歉疑者，皆明壹之。"诏是秦始皇创立的最高的法律形式。此诏大意是：始皇帝廿六年（公元前221），完成统一大业，天下安宁，正式称号为皇帝，特下诏书令丞相隗状、王绾，把度量衡统一起来、明确下来。

此诏版四角有穿。同治十二年（1873）十月十三日，陈介祺致书吴云曰："有穿之版，自是施木量者，余所施或有不同，今不可知矣。"陈氏也曾致书鲍康曰："版穿为木量之用。"

《簠斋金文题识》所述甚详："秦始皇诏木量铜版。以四角有穿，定为木量版。秦出。斯篆，铜版与琅邪片石并峙。岿然片铜，可作琅邪巨石读矣。始皇文字惟此与二铁权、三铜量、九字残版而已。"此处陈氏所言九字残版盖指张廷济、吴云递藏之十二字者。

此版甚为著名。《簠斋吉金录》有载墨本，旁见褚德彝手书跋语："此诏文字精绝，当为相斯手迹。"吴大澂《恒轩所见所藏吉金录》亦载，吴氏标注为"所见所藏"之外之"所集"，言下之意是"既非己藏亦未见原器物"，当陈介祺寄赠拓片是也，后吴大澂又将其录入《愙斋集古录》。吴大澂在书中均将其名定为"秦量诏版"，似源自陈介祺之说。此诏版自陈氏获得、传拓之后，直至现代，相关书籍几乎均有载录。

陈介祺藏诏版带穿者有二。一为刘喜海旧物，后归陈氏，曾录入刘氏《长安获古编》，铭二世诏。一即此版，铭始皇诏。

马衡《凡将斋金石丛稿》概而论之："秦之铜版，亦刻始皇、二世诏，世谓之诏版。宋董逌考为古规矩之器，实出臆断。清吴大澂定其名称曰秦量诏版。今验其制，四隅有孔，中微凸起，略如覆瓦，似即施于木制之量者。盖金量陶量，文字皆足于传久。木量易于磨灭，故必刻金以饰之，其孔所以施丁。其微凸者，饰于椭圆器而欲其熨贴也。"

陈介祺旧藏秦二世铜诏版一纸。高十厘米，广七点三厘米。陈氏钤印二："簠斋先秦文字""集秦斯之大观"。陈介祺拓本，《簠斋吉金录》有载。

有关此诏版，《簠斋金文题识》曰："四角有穿，缺一，损字八又二半。篆刻之美者。"

铭二世元年六十字诏，文曰："元年制诏丞相斯、去疾，法度量，尽始皇帝为之，皆有刻辞焉。今袭号，而刻辞不称始皇帝，其于久远也，如后嗣为之者，不称成功盛德。刻此诏故刻左，使毋疑。"显然，二世诏明确了始皇帝统一度量衡的功绩，并强调要继续下去。

此诏版原为刘喜海旧藏，并录入《长安获古编》，后归陈介祺。刘体智《小校经阁金石文字》卷十一存墨本有陈氏跋"十钟主人癸酉所得"，可知时在同治十二年（1873）。

除先前递藏秦诏版十二字残片的张廷济、吴云外，刘喜海亦是较早搜集秦诏版且卓有成就的人，故陈介祺曾多少有些得意地函告吴云："昔年刘燕翁得其四，余得其一，今皆归余。"此外还有陈介祺致鲍康书"诏版乃有人以刘藏仿者，所铸刻甚不少"云云。

陈介祺多有将此诏版传拓予同好友朋。见《恒轩所见所藏吉金录》载，吴大澂标注为"所见所藏"之外之"所集"，言下之意是"既非己藏亦未见原器物"，如同前秦始皇诏版，当为陈介祺寄赠拓片耳。

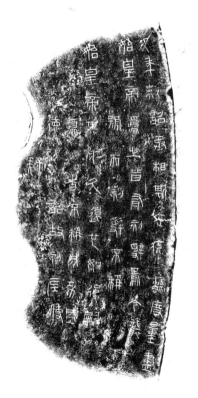

秦两诏量

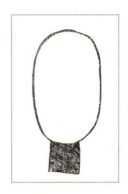

秦两诏量三纸，铜质，椭圆形。钤印二："簠斋先秦文字""集秦斯之大观"。陈介祺拓本，《簠斋吉金录》有载。

同治十二年（1873）十月十三日，陈介祺致吴云书："秦量形 ☞ 如此，柄后空中以受木，柄旁有穿以受杙。"即：凹槽形短柄，凹槽中可嵌入木柄。

此器右壁铭始皇四十字诏五行，左壁铭二世元年六十字诏七行。

陈介祺传拓秦篆文字多为己藏，其中秦两诏量有三件，均借之友人，一鲍康，一海丰吴氏，一利津李氏。此即吴式芬旧藏者，陈氏借自于其子吴重憙，见《簠斋金文题识》曰："借拓之子苾阁学之子仲饴倩太守。误通柄作匜流，又增四足及兽环。始皇诏右侧，二世诏左侧。"

吴大澂《恒轩所见所藏吉金录》亦载，吴氏标注为"所见所藏"之外之"所集"，即既非吴氏己藏亦未见原器，自当陈介祺寄赠拓片是也。此三量原为名品，经陈氏传拓后，又再添荣光，从清代至今著录多多。

此器现藏于北京中国历史博物馆，全长三十点三厘米，口长二十五点三厘米，高九点八厘米，宽十六点四厘米，容量二点○五升。《中国古代度量衡图集》有载，并有实物照片，细观之，当年陈介祺所谓"增四足及兽环"已无，且连痕迹都没有留下。浙江省博物馆藏有六舟全形拓本，见陈氏所言"增四足及兽环"。

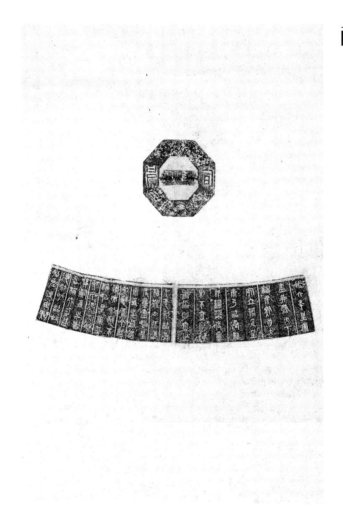

秦旬邑权

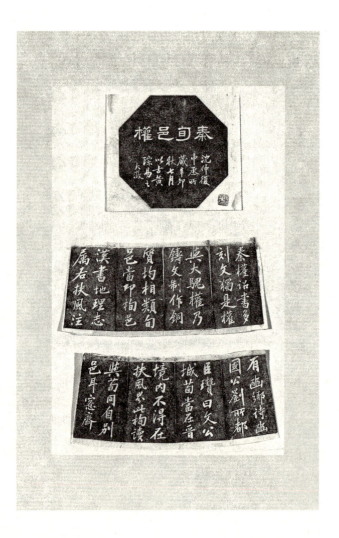

秦旬邑權

秦權詔書多
刻文獨是權
鑄文制作銅
與大駹權乃
質均相類旬
邑當印拘邑
漢書地理志
屬右扶風注

有鄗鄉詩幽
國公劉所都
匡讚曰久公
城旬當在晉
境內不得在
扶風恐世拘
與旬同音別
邑耳竇祭

秦旬邑权一纸，清末民初所拓，黄文宽旧藏本，与秦琅琊台刻石合装一卷。有别于一般的半圆形秦权，旬邑权呈八角棱形，中空，极精，制同大騩权。

铭始皇二十六年四十字诏、二世元年六十字诏。两诏各占八角棱形之四面，总计百字，难怪张廷济跋张燕昌所藏秦美阳权拓本时曰："秦物较三代彝器尤难得，余留心数十年始获一残度，已夸为希世之宝，况斯器多至百字耶。"美阳权亦多角棱形，铭始皇、二世两诏。

顶部铭阳文"旬邑"二字，此为权名。如大騩、美阳之著名秦权顶部二字铭，旬邑亦地名。今旬邑县在陕西咸阳北。

有清一代，在诸秦权中，此器彰显于世时间较早，具体不详，曾归沈秉成。

沈秉成（1823—1895），晚清藏书家、金石家，字仲复，号耦园，浙江归安人，先后任河南按察使、四川按察使、广西巡抚、安徽巡抚、两江总督等要职，创办南京水师学堂、经古书院等教育机构，有政声，晚年居住在苏州，与吴云、俞樾、潘祖荫等赏鉴碑版。有关沈氏金石收藏的成就，褚德彝《金石学录续补》曰："好古精鉴别，藏古金石文甚富，藏虢叔大林钟，为张氏清仪阁旧藏物，成王鼎、师望鼎，文字亦精。又得《汉西岳华山庙碑》，乃明王山史本，即海内仅存三本之一。"

旬邑权后归吴大澂，吴特制硬木匣盛之，匣亦八角棱形，有铭详叙来源，并考释，对旬邑一地究竟何处，有别解。另吴氏木匣一纸，清末民初所拓，赵叔孺旧藏本，钤印"叔孺"。

底铭："秦旬邑权，沈仲复中丞所藏，辛卯（1891）秋七月，以古黄琮易之，大澂。"八角棱面铭："秦权诏书多刻文，独是权与大驷权乃铸文，制作、铜质均相类。旬邑当即枸邑，《汉书·地理志》属右扶风，注：'有豳乡，《诗》豳国，公刘所都。'臣瓒曰：文公城荀当在晋境内，不得在扶风界。此枸读与荀同，自别邑耳。愙斋。"

另见刘体智《小校经阁金石文字》存墨本，钤"李国松藏"印，而知吴之后此器归李氏。据《中国古代度量衡图集》，此器现藏于天津市历史博物馆，原器高六点五厘米，重二点二七千克，面径八点四厘米，底径九点六厘米。

秦并权

徐康《前尘梦影录》卷上有云："秦权小而完善者，以次公所藏为第一绝，大者以吴清卿副宪新得者为第一。小权乃始皇诏书，尤可宝贵。"赵宗建，字次公；吴大澂，字清卿。均为晚清著名藏书家、金石家，喜藏权。

秦始皇诏权一纸。高三点八厘米，径二点六厘米。实秦权中小者。铭始皇四十字诏，同前。

此权顶上刻有二字，首字不易辨识，范笑我先生识为"并"，从之，即名其为"并权"。

邓秋枚风雨楼藏器，载于《神州国光集》第十八集，下铅字排印邓氏跋语。邓氏征引上揭徐氏所言，洋洋自得，见诸笔端，并交代来历："今此权，高不过晋尺一寸五分，面迳不及一寸，可称最小，所刻始皇诏篆带草形，尤精采流动。余己酉（1909）得于一村落小店，店主人借用以作钤记，故印泥余渍犹存。"

邓氏扬国粹之学，搜罗秘本，庋藏古籍，刊行发布，嘉惠学林。《神州国光集》《神州大观》等书刊，尤其《美术丛书》，虽间及金石，然其仍嫌不足，曾想依《美术丛书》之例，镂版《金石丛书》行世，晚年更以金石为乐，于此小权之弄藏已早见志趣之端倪。奈何此权现存何处，无从考矣。

除邓氏而外，此权未见其他著录。

汉长安铜尺

尺 安 汉
　銅　長

89

汉长安铜尺一品，正背两面。高二十二厘米，广二厘米。钤印："阮氏家藏""阮福""恩高手拓"。

铭文阳识十八字："长安铜尺卅枚，第廿，元延二年八月十八日造。"阮元家藏之器。阮元之孙阮恩高所拓，阮元次子阮福楷书题识，为阮元子孙耍玩之作，时在阮元去世之后。

阮氏《积古斋钟鼎彝器款识》但见另外两件铜尺：汉建初铜尺和晋铜尺，且均为摹入。据阮元所说，前者"据黄秋平文旸手拓本摹入"，后者"据宋王氏款识拓本摹入"。此汉长安铜尺未入录，是因当时尚未搜得，还是阮氏有其他考量？不得而知。

马衡《凡将斋金石丛稿》以为，早期可信的铜尺委实不多，上揭汉建初铜尺算一可信之物。至于上揭晋铜尺，马衡同意王国维的考据订正，认为应为宋尺。前此，陈介祺同治十二年（1873）八月致书潘祖荫，说法更直白："尺度宜以建初尺校今尺而并载之，建初尺外今无古尺也。"光绪元年（1875）正月二十日又言："古尺唯建初，今尺无以信后。"

钱泳《履园丛话》卷二记录瞿中溶一尺，似阮氏此物："铜尺一，今藏嘉定瞿木夫通守家，铜质坚贞，青绿可爱。上有文云：'长安铜尺卅枚，第廿，元延二年八月十八日造。'计十有八字，篆法精密，的是汉人，与曲阜孔氏所藏虑傂铜尺相等，惟此尺作阳文。叠起较之，虑傂尺短六分。"曲阜孔氏所藏虑傂铜尺，即汉建初铜尺。建初晚于元延，建初尺却短于元延尺，似不合古制。

《瞿木夫先生自订年谱》则言及瞿氏家藏有一汉延光铜尺：道光十二年壬辰（1832）闰九月，"金蒨穀自京来，记嘉庆丁卯夏在京别后已廿八年矣，乃与畅谈，并出钱谱等商论，以延光汉尺拓本赠之"。究竟如何，实难分辨。

愚孤闻寡见，阮氏之汉长安铜尺此后就无消息和记录了。据鲍昌熙《金石屑》，咸丰初年有人得长安铜尺于京师。刘心源《奇觚室吉金文述》见汉长安铜尺拓片二，阳识文同，长短不一，未见背面，似亦仿品。近代多见此铜尺仿品，铭文十八字完全相同，亦阳识，但背面无刻度，用作镇尺，制铸低劣。

　　不仅有清一代，而且此后也少有有铭文的秦汉铜尺出土，实物除现存许汉卿后人之早先出土的建初铜尺外，另有现藏台湾的新莽铜尺，其铭文二行八十一字，1927年甘肃出土，图文载《中国古代度量衡图集》。

新莽始建国铜尺

马衡《凡将斋金石丛稿》曰：早期度尺皆不可信，"其有年号文可据者，谓新莽始建国尺"云云。

新莽始建国铜尺一纸三面，陈介祺拓本。高十七点五厘米，广十五点五厘米，厚一点五厘米。拓片钤印三："海滨病史""揆一考藏""北山居士"，分别为陈介祺、曹元忠、施蛰存之印鉴。

此纸虽为陈介祺拓本，但于陈氏各类书中未见有载。铭文或许极细，或许错金银，难以拓出；又或许年代久远，已经磨损，故墨本几乎不见文字；一处或隐隐约约略显，不敢妄断。

容庚《秦汉金文录》载罗振玉之旧藏拓本有名"新始建国尺"者，与此极类似，但见十二字铭文，边有海丰吴重熹光绪壬辰（1892）跋，曰此为吴养斋所得拓寄赠王懿荣者，与陈介祺拓本或异。

吴大澂《权衡度量实验考》摹录者，名"王莽铜尺"，言"皆镂银成文，制作甚工，近年山左出土，器藏潍县故家"，可伸可缩，伸为一尺，缩为六寸云云。亦有十二字铭文。吴氏文中有一疑惑："旁刻比目鱼，不知何所取义。"

马衡《凡将斋金石丛稿》又言"未见过原器，仅见吴大澂《权衡度量实验考》中摹本"，亦沿袭吴氏之说"两旁刻鱼形"。相信吴大澂也未见原器。

显然，此器拓本实不多见，原器见者更罕。目前尚无法判定吴、马二人所说潍县某氏器与陈介祺所藏之器，是否同一，还是有二。

日本二玄社《书迹名品丛刊·汉金文》载一器盖或此件，辨析铭文十二字："始建国元年正月癸酉朔日制。"惜未注明来源及弆藏状况，似源自刘体智。

刘体智《小校经阁金石文字》载新莽始建国尺若干品，其一即此品，上日人所刊墨本似乎源自该处。平心而论，另几品铭文稍差强人意，难怪王献唐《国史金文志稿》录入新莽始建国尺二，均源自罗振玉和刘体智者，一处竟然案曰："各书著录共五器，真伪颇难定，只知潍县陈氏所藏错银缘者一具真也。"罗振玉《俑庐日札》则透露：此十二字铭"莽尺能伸缩者，……近潍县估人有仿制者"。

　　或许原器实难见到，王献唐《国史金文志稿》另一处则名之"新始建国元年权"，显然此言是谓墨本上那鱼纹棒槌状物者。难道此物是权？难道这竟然不是吴大澂所谓的"旁刻比目鱼"？

　　此器颇类现今之游标卡尺。吾友仲威先生以为，尺背可能刻鱼纹，非如王献唐先生所言单独一器也。

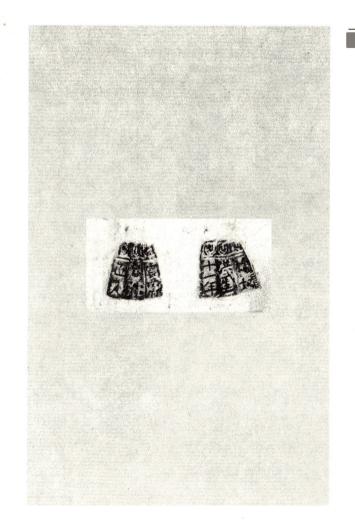

明洪武铜权

明初洪武铜权一纸，清拓本。高二点五厘米，广二点五厘米。

　　此权乃嘉兴张氏清仪阁藏物。《清仪阁所藏古器物文》册八有载，并录张廷济道光二年（1822）七月十八日跋："右铜权，嘉庆癸亥（1803）王友检叔所赆。一面中一行字已磨灭，环读之：'洪武三十一年云南府□□□匠人杨奴华。'文精善，朱碧鲜润，元明权中所罕见者。是年岁在戊寅闰五月，太祖崩。"

　　张廷济《清仪阁杂咏》有咏权文拓本诗，曰："顽铜磊磊墨华匀，弹指狂秦更伪新。错认分符编郡国，要知平准首钧斤。鱼盐几费千缗算，市井曾开万窨春。最好诚悬心笔正，太平时少不平人。"诗中张氏自注："元明权铸郡邑。"此明洪武铜权即铭"云南府"。

　　关于历代权衡，马衡《凡将斋金石丛稿》稍有总结：

"权衡之初制，必如今之天平。施纽于衡中，使两端皆平，一端悬权，一端称物。故传世之权，多纪斤两之数。其后渐趋简易，移其纽于一端，而刻斤两之数于衡上，即今之称也"；"权之见于著录，亦始于秦"；"汉以后权，惟元明尚有存者。其余不多见。《陶斋吉金录》所载北周权一、唐权二，皆伪物"；"古度量衡三者之考证，以权衡为最难正确"。

汉棠邑家行镫

汉橐邑家行镫一品，存铭文并全形，又木制底座，清中期拓本。器连柄长十六点三厘米，径九点五厘米，足高三点五厘米。墨本钤印："云间朱孔阳云裳父鉴藏""金石癖"。

原器侧铭十字："橐邑家铜行镫一重一斤"。底铭："金嗣廷藏"，为器藏者金氏所镌。

金嗣廷，清道光、咸丰间藏书家、金石家。褚德彝《金石学录续补》曰："金嗣廷，字瘦仙，江苏华亭人，诸生。好古力学，所藏有史颂盘、追叔彝、颂鼎、象鼎、介爵、趩戈、汉上将前锋虎符等，约数十品，惟所藏古器俱刻'金嗣廷藏'四字，未免规杖漆琴之诮。"金氏最著名的收藏是张萱的《捣练图》，其彝器藏品后大多散落东瀛。

底座一面张廷济铭曰："锭，即镫，商周时祭器，汉人乃借以焚膏者。"一面铭观款二："汉橐邑锭，仁和倪稻孙""安邑宋葆淳观"。倪氏，浙人；宋氏，晋人，长期流寓

103

两浙。二人均嗜金石。另铭"后山斋"，似金氏斋号。

　　器后下落不明，墨本亦稀，或仅近代刘体智《小校经阁金石文字》、容庚《秦汉金文录》有存，止见十字铭文。容氏言墨本源自罗振玉所藏。

　　此纸似属清中期全形拓肇始时期之作，器型三维透视不甚准确，手法亦稚嫩而不成熟，可依然珍贵。

汉富贵壶

汉富贵壶一纸，清拓本，高十五点七厘米，广九点七厘米。

陈介祺藏物，铭"富贵"二字。《簠斋吉金录》有载。《簠斋金文题识》曰："富贵壶，阳识二字在底，汉器文之精者。"

此壶原为李佐贤所藏，后归陈介祺。陈氏得此壶后，屡次与友人谈及，颇多得意，并与吉羊洗并论，颜其室名为"富贵吉羊之室"，且合而拓制"富贵吉羊之图"，甚至摹刊阴识朱拓，分赠同好。

其一，有书致吴云者二。同治十一年（1872）九月二日，书曰："去岁（1871）易得李竹朋兄一汉富贵壶，文二细识大书（颇精美），与旧存吉羊洗同置一室，名曰富贵吉羊之室，俟刻图成当即寄。"又，同治十二年（1873）二月二十四日，致书曰："庚午（1870）得一富贵壶，今春始与吉羊洗并刊图，名富贵吉羊之图，亦名室为富贵吉羊之室，兹以初拓为君子颂。"

其二，有书致鲍康者。同治十二年（1873）三月廿九日，书曰："庚午年（1870）从竹朋兄处易得一富贵壶，与敝藏吉羊洗欲为一图，去冬始就，仲春始拓装甫就，先驰上一轴，为富贵吉羊之祝。又一纸，赠令侄世兄。又一纸，赠伯寅兄。同此奉祝。……富贵吉羊图，又有摹刊阴识朱拓，不减原器拓者，容续寄。"又，半个多月后，即四月十七日，书曰："明日又有车便，再寄朱拓富贵吉羊图。"

如上，陈氏所记得此壶时间或有不同，当以在同治庚午年（1870）为宜。此壶久负盛名，多见著录。

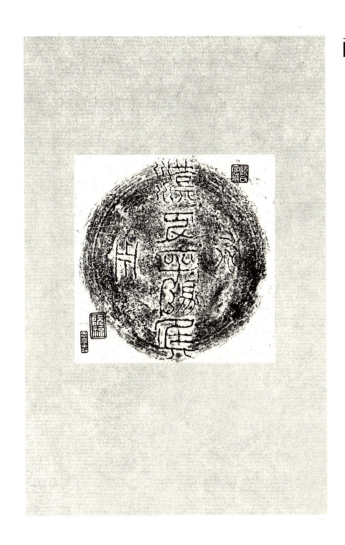

汉平阳侯洗

作为盛水用具，汉洗来源于先秦的盘和匜。马衡《凡将斋金石丛稿》曰："古者祭祀燕飨，皆有沃盥之礼，昭其洁也。盘与匜相需为用，以匜泻水于手，而盛之以盘。故匜有鋬有流。盘浅而巨，两旁有耳，观其制即可以明其用。盘在汉为洗，为铜，视盘为深而无足，中多作双鱼形。"

自从成为金石一类之铜器收藏，汉洗的收藏历史也很是悠久。宋董逌《广川题跋》即有记载："政和元年，饶州得素洗二、双鱼洗六、列钱洗一。其四铭曰永元元年，其二曰元和二年。"宋王黼编《宣和博古图》亦见有汉洗录入。

汉汉安平阳侯洗一品，是为素洗。仅拓本所示，径约十二厘米，原器似应更大些。钤印："阮氏家藏""阮福""恩高手拓"。

篆书铭文："汉安平阳侯永用。"仪征阮元积古斋家藏之器。阮元之孙阮恩高所拓，阮元次子阮福楷书题识，为阮元子孙耍玩之作，时在阮元去世之后。

此器在阮元壮年时，即被其录入《积古斋钟鼎彝器款识》，摹写阳识，并考释个中年号及人物究竟："右平阳侯洗，铭七字，元所藏器。案汉安，后汉顺帝之号。平阳侯，后汉有二。一为曹宏。据《汉书》《列传》及《表》，故平阳侯本始子宏举兵佐军。建武二年复故封，旷嗣，旷后无闻。《后汉书·后纪》：永平三年，封平阳公主。公主明帝女，适大鸿胪冯顺。又《冯勤传》：建初八年，顺子奋袭主爵，为平阳侯。奋无子，兄劲为侯。劲子卯嗣劲爵。延光中为侍中，子留嗣。延光，安帝之号，则汉安之平阳侯乃留也。"

后人对阮氏《积古斋钟鼎彝器款识》一书评价甚高，如同治十三年（1874）四月陈介祺致书吴大澂，曰："阮刻款识去伪则不可及，吴刻（南海）不可共语。"此书甄选严谨，此洗入录，必当佳器。遗憾的是，作为清代汉洗收藏早期名品，原器后世不传，不知所踪，未见此后金石家记载一二。现有此拓本，聊备一格是观。

自嘉庆九年（1804）《积古斋钟鼎彝器款识》刊刻至此纸拓制，此器在阮家弄藏至少已四十多年，甚至时间应该更为长久一些，故才有此纸。

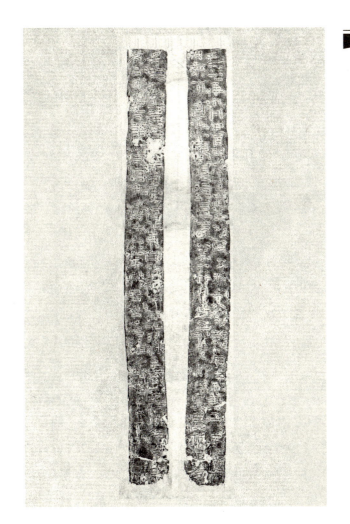

汉光和买地铅券

113

买地券，亦称冥契、幽契，始于两汉，是死者领有阴间土地的凭据，带有道教文化的特征。罗振玉《古器物识小录》曰："汉人冢墓中，往往有镇墓文，或书铅券上，或书陶器上。"

汉光和七年樊利家买地铅券，六吉连绵纸拓，一品二纸，民国拓本。各高三十七点五八厘米，广三点五厘米。

阳识铭文："光和七年九月癸酉朔六日戊寅，平阴男子樊利家，从雒阳男子杜謂子子弟□，买石梁亭部桓千东比是佰北田五亩，亩三千，并直万五千钱，即日异。田中根土著，上至天，下至黄，皆□□行。田南尽佰北，东自比謂子，西比羽林孟□。若一旦田为吏民秦胡所名有，謂子自当解之。时旁人杜子陵、李季盛，沽酒各半。钱千无五十。"

罗振玉曾得拓本，释文钩略，跋叙甚详，文存《丙寅稿》。

其一："此券最晚出，表里刻字，各两行。……汉人地券，文皆略同，惟多讹脱，且语太简质，致不可通。此券云'桓千东比是佰北'者，谓桓阡之东比氏陌之北，古'是''氏'通用。'即日异'者，异乃毕之讹字，即孙成券之'即日毕'，房桃枝券省其文，作'即毕'，谓即日毕买田之事也。'田中根土著'者，孙成券作'根生土著毛物皆属孙成'，此省略，致不可通。'上至天，下至黄'者，乃'上至青天，下至黄泉'之省文，犹晋朱曼妻券之'上极天，下极黄'也。'沽酒各半'与孙成券同，殆如后世买地卖地者，各出酬金矣，房券省作'沽各半'，建初玉地券作'沽酒各二千'，义亦略同。"

其二："此券近归金陵翁氏，夏间游沪江，得墨本，爰记其后。"据罗继祖《永丰乡人行年录》，此跋作于民国丙寅年（1926），罗振玉时年六十一岁。

罗振玉《金泥石屑附说》曾有言："自黄县丁氏得孙成买地券后，赝作屡见。"即买地券多赝品，而其己藏"房桃枝买地铅券确真"。此券罗氏得墨本后专作此详叙，详加考据，必属看好之列。

周空首布

先秦钱币的重要性，如同治年间陈介祺致书鲍康所言："三代古文字之散见于彝器外者，金惟刀币与一二印。"

空首布是春秋战国时期铸行的货币，也是我国最早的金属币。西周末始铸，春秋晚期以后盛行，秦始皇统一列国后废除。形肖铲，故又谓铲布。多于中原一带出土。

周空首布，二纸二品，清拓本。均约高九厘米，广五厘米。

初尚龄《吉金所见录》曰：铲布，"出土最晚，元明以前未有言及者，近来见者甚多，大小文字互异，赏鉴家呼为铲币，或曰空心币，实无所稽，以其形似为名耳。今细玩，其铜质篆文似在前诸布之先，为春秋以前物。其上中空，可以安柄。因思《卫风·氓》之诗曰'抱布贸丝'，……正合管子'刀布为下币'之说。持其柄而抱以行市，颇近情理。迩来中州出土者甚多，他处无之，闻山右亦间有之，是亦近于中州者，其为卫币，似有可据"。

陈介祺则以为空首布源自钟镈，如光绪元年（1875）致书王懿荣，曰："俗云空首币，下齐者似当名镈化，似从钟制出者，钟之下齐者，所以名镈训博舆"。

空首布文字向来不易辨。戴熙《古泉丛话》曰"古字多省文、多假借，至金石文字尤甚"，即论及空首布时之感言。马衡先生亦言："诸布文字，诡异不能尽识。"此处二品铭，其一似"鬲"字，其一似"智"字。另据吴大澂言：空首布小者有字多者，但不易得（吴大澂致陈介祺书）。

初尚龄《吉金所见录》计空首布十二品，其释出文字者仅二品，疑似释出者二品。今日观之，前人对其上文字的辨析多猜测成分，依据字形，不解其意，多解为地名耳。如同治年间陈介祺致书潘祖荫曰："释吉金文字，以理定之，可期清真雅正之归，以字测之，易有支离芜杂之弊。"

空首布出土晚、存世多，古钱藏家多有弄藏。戴熙《古泉丛话》披露："空首化二十年来渐多，余家廿余枚，松如亦十余枚，燕亭乃二百余枚。"夏之盛，字松如；刘喜海，字燕亭，皆金石藏家。

据说，空首布易损，不易拓。陈介祺同治年间致书鲍康曰："铲币，青翠多可喜，最易损，教人学拓尤易损。躁者无心，劣者有心，传古不可不慎也。"

关于空首布，罗振玉另有一解，其《俑庐日札》曰："近闻售古钱者言，此币在土中，皆有陶器盛之，一器十余枚，其陶器上有白釉，且左近必有古棺椁。知空首布亦墓中瘗钱也。前人考瘗钱之风，谓始于汉，今以此布证之，殆三代已然矣。"

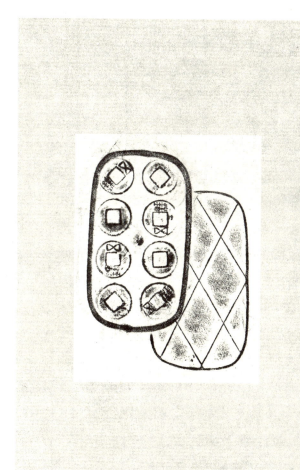

汉五铢泉范一

马衡《凡将斋金石丛稿》曰："冶铸器物必有范，钱币亦然。……范之形制，各钱骈列，中设总流，旁设支流，皆与各钱相联。以面背二范合之，而灌注铜汁于其中。铸成出之，剪去支流之铜，而钱成矣。"

　　汉五铢泉范收藏由来已久。张廷济《清仪阁杂咏》有咏五铢泉范诗句："双双腹内贮方圆，风范真钦两汉年。"旧时"泉""钱"二字相通，起于新莽。

　　汉五铢泉范一品，一器两面，清拓本。高十一点三厘米，广六点五厘米。

　　此吴平斋旧物，《两罍轩彝器图释》卷十有载，吴氏跋曰："重今库平六两，……列阳文五铢，泉八枚，四面四漫。"又曰："按洪氏《泉志》，五铢泉品数最多，自汉至隋代有铸行，不能备纪。"正如翁树培《五铢钱范歌》所唱"五铢流行汉迄隋，中间沿革多改移"。据钱泳《履园丛话》

卷二，翁树培又有钱母一说，即谓泉范。显然，五铢泉流行时间甚长，此类泉范则皆定为汉器。

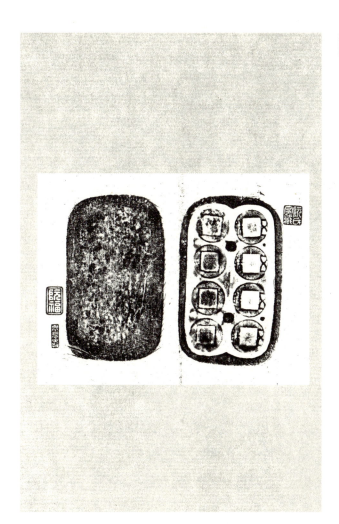

汉五铢泉范二

汉五铢泉范一品，一器两面。高九点四厘米，广四点九厘米。钤印："阮氏家藏""阮福""恩高手拓"。为仪征阮元家藏之器。

据《雷塘庵主弟子记》(亦《阮元年谱》)，阮福，阮元次子，行五，曾任甘肃平凉和湖北宜昌知府。嘉庆七年（1802）"十二月二十七日，御赐'福'字到浙，并奉到鹿肉、麂肉、野鸡之赐。是日，［阮元］侧室谢氏生子，即名福"。又，恩高，即阮恩高，阮元第九孙，四子阮孔厚之子，道光十一年（1831）十一月十八日出生。阮元孙子一辈排行恩字。

此拓片为阮恩高所拓，楷书"汉五铢泉范"似阮福所书，为阮氏伯侄合作游兴之作，时在阮元去世之后。伯侄二人均嗜金石：阮福，撰有《两浙金石志补遗》《滇南金石录》等；阮恩高，能精细摹拓彝器，亦工篆刻，宗秦汉小篆，人谓"阮派"。

阮氏《积古斋钟鼎彝器款识》未载，原因或有二：一是，嘉庆九年（1804）八月，《积古斋钟鼎彝器款识》十卷"至是刻成"，此器当时尚未入藏阮家；二是，此书泉范之类一概未予入录。

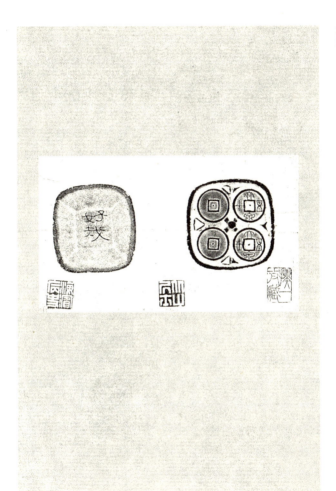

新莽好哉泉范

新莽泉范一纸，形制大泉五十。高七厘米，广七厘米。拓片钤印三："海滨病史""揆一考藏""北山居士"，分别为陈介祺、曹元忠、施蛰存之印鉴。

范面泉四，阴阳各二；范底铭"好哉"二字。陈介祺拓本，录入《簠斋吉金录》。

据考，此类泉范铭吉祥用语，而无工官铭文，属民间铸造者。前人或有径直名此品为大泉五十范者，如吴大澂《愙斋集古录》存大泉五十范计七品。容庚究于底铭，名其为"好哉泉范"，此从之。

盛大士《泉史》卷三："王莽居摄二年造。……大泉五十流传甚多，未必尽为莽物，然其坚厚精妙者，即仿铸亦非出于近代。"如同五铢泉，此泉亦流行时间甚长，更多近世仿品，新莽泉范，存世甚稀。又，新莽年号实行时间短暂，所遗古物历来宝重。

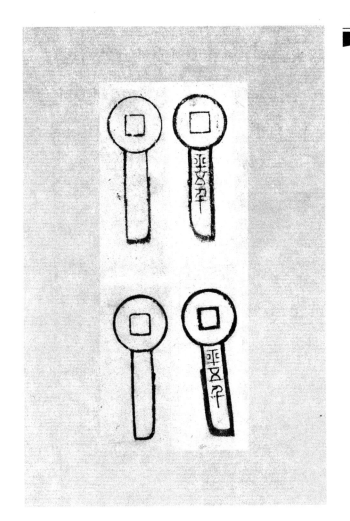

新莽泉金错刀

新莽泉金错刀二品，清拓本。高七厘米，广二点七厘米。

盛大士《泉史》卷三："莽以黄金错其文曰'一刀'，下三字曰'平五千'，则铸成阳文。《汉书》云'直五千'，今云平，盖以直训平也。平者，取权衡之义，犹言权当五千也。以黄金嵌入刀中为字，曰金错，旧谱谓之陷金。岁久斑剥，金与铜色不分，若磨镟之，则金字焕然有光彩。"

此与张廷济《清仪阁所藏古器物文》中所言者无二致，与盛大士所言者有异，有"平五千"三字，无金错文"一刀"二字。

张氏跋曰："错刀'一刀'二字，阴识，以黄金错之。'平五千'三字，阳识。平即直也，《汉书·食货志》径作直五千，似班固改之，于义虽无所戾，然竟非本事。……错刀，嘉庆七年壬戌（1802），绍兴萧友楚翘所赠。"

张廷济《清仪阁杂咏》有咏钱文拓本诗："地马天龙癖不妨，墨华点点带铜香。图书累袭逾张李（张台李孝美），文字编年认帝王。青史几篇存《食货》，紫标一样贮筐箱。即今纸上谈何易，毡蜡随身已廿霜。"

此品流传甚广，拓本亦多见。

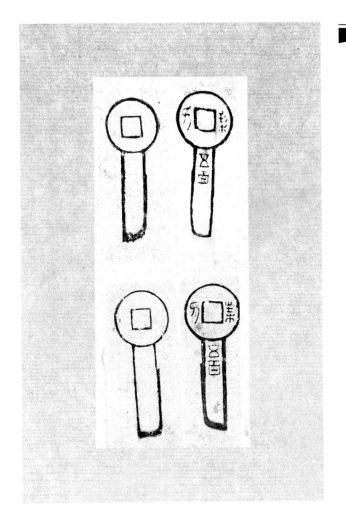

新莽泉絜刀

新莽泉栔刀二品，清拓本。高七厘米，广二点七厘米。

盛大士《泉史》卷三考据甚详。其一历数历代文献："《食货志》：环如大，泉身形如刀，长二寸，文曰'栔刀'，柄有文曰'五百'，荀悦《汉纪》居摄二年夏四月造。栔刀一直五百，错刀一直五千。《选钱斋笔记》谓栔刀形制其说不一。戴煊以为，栔刀五百非勒刀为此四字，刀上但有栔刀二字，直五百耳。张台以为，柄上有文曰五百，其文铺成，如错刀之陷金也。李孝美以为，文系铸就，谓陷金之说为非。沈士龙《钱考》载，银错刀白金所错，下五百字阳文铸成，长二寸七分，重六钱五分，面幕肉好，皆极工绝。其说与张台同。此真莽制，然此种今世绝无仅有，伪作杂出，或掺金或铸就，自宋已然求其真者，百不获一。"

其二自作按语："大士按，泉货真赝须观其铜质字体，凡质精坚而字劲正者，虽是仿造，亦断非近代俗工所作也。

余所藏一品，契字下从木而书断，考《说文》，契字在㓞部，下从木，上从㓞，苦计切，㓞字恪八切，从丰从刀，取分别之义。书契之契在大部，莽所制刀从木，今世所见有从大者，为赝作更无疑也。"

此品嘉兴张氏清仪阁亦藏。《清仪阁所藏古器物文》册三："'契刀''五百'，字并阳识。'契刀'二字横与错刀位置不同。《说文解字》曰：契，刻也，从木从㓞。《汉书·食货志》作契，《解字》曰：契，大约也，从大从㓞。二字不同义。钱献之别驾说最善。……契刀，[嘉庆]八年癸亥（1803），杭州童友佛庵所赠。"

此品流传亦甚广，拓本亦多见。

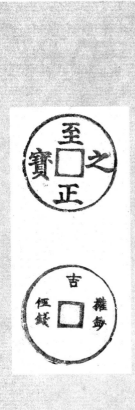

元至正之宝二纸，清拓本，径七点五厘米。

盛大士《泉史》卷十一："右至正之宝，……一曰权钞伍钱。……穿上皆有吉字，殆取吉货之义也。铜质精美，字体工整，古钱中冠绝之品。……大士按：元初颁中统钞，是以钞权钱也。既又颁至元钞，以一当中统钞之五。即至正时，改为折二者，是以钞权钞也。至正之宝权钞几钱几分，各勒数于钱幕，盖所权者即至正银钞也。夫楮币之始，原以权银钱之实用乃始，而以钞权钱，既而以钞权钞终。而复以钱权钞，钞法大坏，而又不可骤废。至于辗转相权，上下相诳，君民交困，而国遂以亡。"

案：中统钞，即忽必烈时发行的中统元宝交钞，是我国有实物存世、最早由官方正式印刷发行的纸币，宋代纸币早于此，但无实物传世。至元钞，即至元通行宝钞，是中统元宝交钞贬值后发行的纸币。

盛氏这段话读来略显拗口，结论大意是：发行纸币是用来代表铸币的，最后铸造货币来代表纸币，这可就乱了套了。元至正之宝可谓货币史中之奇葩。奇品共赏析，故古钱币收藏多录入此品。

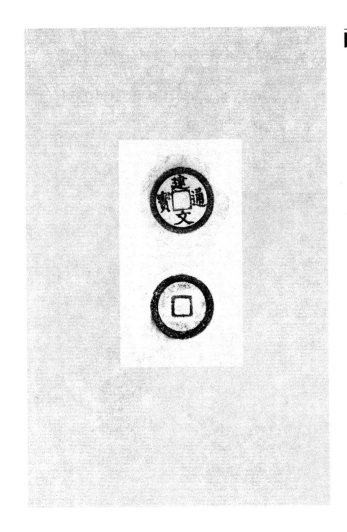

明建文通宝

明建文通宝二纸，清拓本，径二点五厘米。

盛大士《泉史》卷十二有载："右惠帝建文通宝钱。惠帝在位止四年，年号为成祖所革除，一切铜铁器物有建文字者，悉销毁。余于友人家得见此钱，如硕果之仅存矣。"有明一代，建文遗物向来为后世珍贵。

此通宝嘉兴张氏清仪阁有藏，《顺安诗草》有诗《咏建文钱》：

"逊国遗文在，团团法自圜。革除原有诏，鼓铸岂无钱。忆昔当洪武，时教置宝泉。暨经嘉靖补，遂使列朝全。独少建文号，偏遗惠帝年。选时增惋惜，谱去重流连。何此铜如月，翻殊银化烟。一轮非兔缺，四字象蝉联（建文通宝上下读）。辨质诚前范，稽文匪改煎。从知壬午厄，尽举史书淹。石阙犹都毁，钟官岂尚沿。不图囊得一，还压尽盈千。惠记潘郎厚（乍浦潘雪子），文投翁子先（拓文寄大兴翁宜

144

泉）。河间非漫数，洪氏快重编。架笔会题瓦，持衡旧咏权（秀水钱顺父藏有建文四年瓷笔架，余旧时得建文元年二年两权）。未如藏赤侧，长得伴青毡。讵以贪成癖，多因古作缘。诗成还一笑，沧海与桑田。"

另见武原沈听笙旧藏《逊国遗文》卷轴，合此通宝与建文四年瓷笔架裱为一纸，有褚德彝墨笔跋曰："建文泉真者罕观，此尚是新篁里张氏旧物，可珍也。"

六朝永安五男厌胜钱

厌胜，一种旧时巫术，自称能以咒语和法术压制住人或事，即"厌而胜之"。厌，此处音义同压，即压制、抑制、阻止之义，即"压而胜之"。厌胜之物常见有桃版、卦牌、玉符、门神等。

　　古时之厌胜钱，或曰压胜钱，为非流通货币，均多吉祥用语及纹样，今日之压岁钱的由来。初尚龄《吉金所见录》曰："厌胜钱，品类甚夥，近今博古之家多有收藏。"

　　此六朝永安五男厌胜钱一品二纸，正背两面，陈介祺拓本。高七厘米，广七点五厘米，钱径三点五厘米。铭文："永安五男"。拓片钤印三："海滨病史""揆一考藏""北山居士"，分别为陈介祺、曹元忠、施蛰存之印鉴。

　　初尚龄上揭书专设"厌胜品"一卷，录入近百品，名目多如"天下太平""五男二女""避兵""千金""大胜""万岁""七夕""合镜""斩蛟"云云。最早为汉代者，无文字，仅吉祥纹样。

其中录有此枚永安五男厌胜钱，并历数渊源："右永安五男钱。洪《志》：旧谱曰：径二寸三分，重十八铢，厚一分。上下轮郭间皆作粟文，面文四出，文曰'永安五男'。背作四神状，又有日月相对者。李孝美曰：篆文与魏永安五铢相似，唯'男'字真书也。《西清古鉴》：永安五男意如谚称永保平安者，盖为祈祝用，不必泥永安二字为后魏年号也。"

另，初氏案："面文四字确为汉篆，背作四神状与《志》合。王海云：祥符三年，陈尧叟获此品于淮上。至绍兴年间，景岩著谱时即未之见，只引旧谱及李氏语，列于厌胜品之首。《宣和博古图》亦云见于李谱，据此，则七百年前已为罕觏之品矣。"

此钱甚古，似源于早先永安五年钱，具体制作年代不详，笼统言之六朝物，的不多见，故陈介祺搜之以传，其光绪二年（1876）四月五日有书致王懿荣曰："又铅小厌胜牌一，色甚古，虽小品，亦至奇。"恐此谓耶？

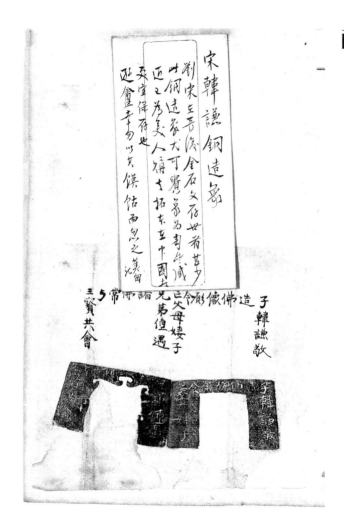

宋韓謙銅造象

劉宋去晉漢金石文存世者甚少
此銅造象大可寶貴為勤縣藏
近之為美人得予拓本中其
堂堂佛象已父母婆子
延會去冬以其饋餉而忽之矣回
沈□

子韓謙敬
造佛象
諸
常佛
彫象
三寶共會

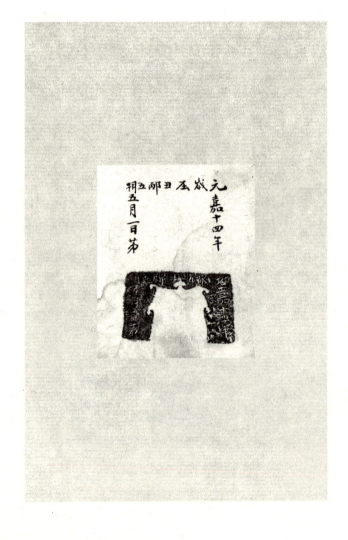

元嘉十四年
歲丑
郡田
祠五月一日苐
五

152

南朝宋韩谦造鎏金铜像，二纸，清拓本。存座机三面铭文，各高五厘米，广八点五厘米。

铭文四十三字："元嘉十四年，岁在乙丑邴五朔五月一日，弟子韩谦敬造佛像，愿令亡父母妻子兄弟，值遇诸佛，常与三宝共会。"

有署"蕉窗"者之题记："宋韩谦铜造像。刘宋在晋后，金石文存世者甚少，此铜造像尤可贵。像为匋斋藏，近已为美人购去，拓本在中国者更宜保存也。逊盦幸勿以其馈估而忽之。蕉窗记。"

《陶斋吉金录》卷八载铭文墨本，并钩摹佛像，为束发式肉髻，衣着通肩，双手作禅定印，趺于台座上，后为火焰光背，有端方手书尺寸："通高一尺二寸八分，座高四寸二分，径四寸，佛光长径八寸九分，阔径七寸三分。"

又见此造像一轴，有多人题跋。其一端方跋："宋元嘉十四年韩谦造鎏金像。邴即丙字,《汉书·宣帝纪》邴吉作丙吉义。因南朝金石世不多见,鎏金像尤未见有南朝年款,致足珍也。阮老中翰,笃于金石之学,敬拓奉质。"其二赵藩跋:"刘宋时鎏金造像,制作极精,世稀存者,即脱本亦应视为凤芝龙术矣。"

据刘体智《小校经阁金石文字》所载墨本钤"李国松藏"之印,可知造像后归李氏。李国松(1878—约1949),号木公,安徽合肥人,清末、民国著名藏书家、金石家。

此品一向被认为是六朝鎏金佛造像存世最早者,现存日本东京永青文库。

北朝北魏赵胡灵造像

156

北魏赵胡灵铜造像一纸。像高十六点五厘米；座机高二点二厘米，正面广六点二厘米，正底广六点七厘米，侧面广三点七厘米，侧底广四点二厘米。

造像记铭："大魏承明元年，奉诏为亡师赵胡灵公敬造庄严宝像一区，乙切受福。"座机四面铭文略。墨本钤印"稼孙手拓"，为魏锡曾拓本。

褚德彝《金石学录续补》："魏锡曾，字稼孙，仁和人，诸生，纳赀为福建浦南场盐课大使。虽处微僚，狷介自守，惟以金石自娱。藏碑极富，《粹编》所未收者，计二千余通，著《绩语堂碑录》，考订颇精。"魏锡曾亦椎拓名手，据魏氏《绩语堂题跋》，其尝独游会稽，挐舟渡江，拓禹陵窆石，又游妙相寺，拓南齐石佛背字。亦尝独游跳山，拓大吉摩崖。

此器少有著录，仅《神州国光集》有载，所存墨本为邓氏风雨楼藏，旁张祖翼跋曰："北魏孝文帝拓跋宏延兴丙辰六月改元承明，仅半年，次年丁巳又改太和矣。"张跋言下之意为北魏承明年号短暂，所遗古物似更弥足珍贵。然也。

又，此邓氏风雨楼藏本钤印"西蠡所藏"，故知此铜造像为费念慈藏器。魏锡曾与赵之谦、吴云、傅以礼、沈树镛、周清泉、费念慈等一代金石名家均交好，时常前往赏鉴并获拓本，想必此处一纸为魏锡曾访吴中去费念慈处所拓者也。

唐太和造像

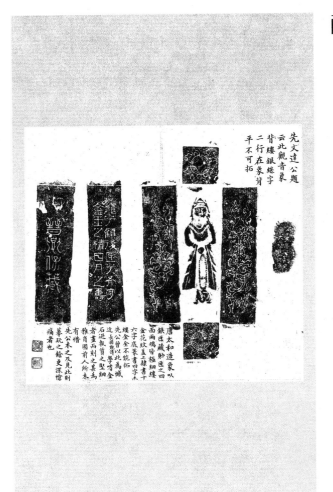

唐太和造像，高九厘米，广三厘米。藏贮之铁匣，高十一点五厘米，广三点三厘米，厚三厘米。仪征阮氏家藏之物。

造像背面铭文："太和元年江州刺史广大慈悲供造。"铁匣，上盖面隶书铭："龙兮顾后，匣兮有守，金玉之精，日月之寿"；下底面篆书铭："晋卿保藏"。

阮福题识二。其一："先文达公题云：此观音像背缕银丝，字二行，在像背，平不可拓。"阮福既言"先文达公"，故知墨本拓制及阮福题识时，阮元已过世。

其二："唐太和造像，以铁匣藏贮。匣之四面两端皆极细缕金花纹，盖上隶书十六字，底篆书四字，亦缕金，全不能拓。先公曾以此为憾。近长孙觐传学嗜金石，选砖质之坚细者，画而刻之，甚为雅肖，固前人所未有。惜先公未之及见此，则摹玩之余，更深怆痛者也。"据《阮元年谱》，阮元长孙是阮恩海。故此处"长孙觐传"，应是阮福之孙名"觐传"者。又据《阮氏宗谱字辈》，江苏扬州一支字辈为："文秉枢衡武承嗣荫，恩传三锡家衍千名。"

钤印二："福""赐卿"，均阮福印鉴。阮福，字赐卿，号小瑯環。较之此前的"汉五铢泉范""汉平阳侯洗"及"汉长安铜尺"阮氏拓本，此纸无"恩高手拓"印，但细审之，纸墨拓工同一，似亦阮恩高所拓。若此，该拓片制作年限或在阮福晚年，是与侄孙耍玩也。在数位儿子中，阮元生前最看重阮福，所起名号俱有深意，故睹物思人，阮福"更深怆痛者也。"

至于选用砖瓦摹刻后再行椎拓之事，实为常事，因原物字迹平浅，又错金银，只能如此。此法后人也多为之，如同治十一年（1872）十二月六日陈介祺致书鲍康，曰"敝藏尚有吕不韦戈，字极浅，须摹刻证拓本"云云，陈氏甚至对张廷济将所错金银剔出后椎拓一事，提出批评。

据墨本上的阮福题识，此唐造像阮元曾有题，实属不易。阮元的时代，六朝隋唐造像向被忽略，晚清时段收藏之风渐起，但依然入金石之小品一流。马衡《凡将斋金石丛稿》等一众书籍虽所涉青铜器物甚广，亦无铜造像一列耳。此品真正大时代的小玩意。

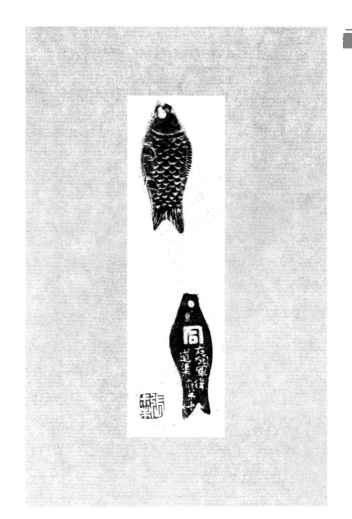

唐道渠府鱼符

唐游鱼符，铜质，高六厘米，广二点五厘米。拓片二纸，其一嘉兴张氏钤印"张廷济"，似清仪阁旧藏之物，但未见《清仪阁所藏古器物文》有载。

关于唐鱼符之起源，瞿中溶《集古虎符鱼符考》曰："予考《唐书·车服志》云：初，高祖罢隋竹使符、班银菟符，其后改为铜鱼符，以起军旅、易守长，京都留守、折冲府、捉兵镇守之所及左右金吾、宫苑总监、牧监，皆给之。畿内则左三右一，畿外则左五右一。左者进内，右者在外，用始第一，周而复始。宫殿门、城门，给交鱼符、巡鱼符。"

此符铭文，一大字"同"，合同之义，指明此物乃通行之证也。侧应有合同二字，未见拓，即检验此符两两相合方可通行之义。又小字"右领军卫道渠府第五"，即表明是时实行之卫府兵制。

此符原为刘喜海旧藏，《长安获古编》有载，名"鱼符"。后归吴云，《两罍轩尺牍》卷九有吴氏致陈介祺书，曰："燕庭方伯所藏唐龟符及巡鱼、交鱼各符窃幸皆在弟处，吾兄闻之必喜也。"

吴云《两罍轩彝器图释》卷十二名之"右领军卫符"，释曰："重今库平五钱，文曰'右领军卫道渠府第五'，鱼腹侧有合同二字。按《唐书·百官志》，左右领军卫上将军各一人，大将军各一人，将军各二人。……道渠未详，俟考。"

罗振玉《历代符牌图录前编》见载，名"唐道渠府鱼符"。是为名品。

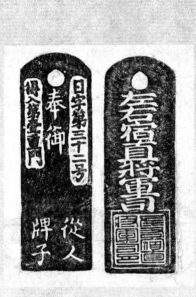

金奉御从人牌，铜质，即进入皇城之牌。清拓本，一品一纸，高十五点七厘米，广五点三厘米。

上有穿，正背两面皆有铭文。一面文"左右宿直将军司"，下同名篆书印；另一面文"奉御从人牌子，日字第三十二号，得入第一重门"。

金代遗物，罕有，为"左右宿直将军"使用之牌，旧时曾言此为存世唯一金代汉字牌。罗振玉《历代符牌图录前编》著录此件，名"金奉御从人牌子"。

马衡《凡将斋金石丛稿》："奉御从人铜牌，钱大昕定为金时物。"看来此牌出土甚早。

早先，嘉兴鲍昌熙据张廷济拓本摹入《金石屑》册一，录张氏道光二十三年（1843）跋于后，详述渊源："金左右宿直将军司从人铜牌，嘉庆初年海宁故同年友陈仲鱼鳣得自京师。此本大兴翁宜泉秋部树培所贻。……今此牌不知何属矣。"

光绪元年（1875）七月二十六日，陈介祺致书潘祖荫，提及此牌，曰："宿直牌似真，守御官牌逊，均叶物耶。"前者"宿直牌"，显然即谓此牌。叶氏，指叶东卿。此牌似后归吴大澂，见吴氏朱拓四屏并题记："嘉兴张叔未解元藏有此牌，乃元明时值宿禁中所用"。

黑龙江省博物馆有一藏品，尺寸及正背两面铭文与此品完全一致，记为金上京阿城出土，国家二级文物。在金代，受汉文化的影响，汉字与女真文字、契丹文字，均为官方文字，此牌即为佐证。

凡遇直宿者懸帶此牌出皇城四門不用厨子

明厨子直宿铜牌

明厨子直宿牌，为铜质腰牌，正背面二纸，清末民初拓本。高十三厘米，广十点五厘米。

正面阳文十八字："凡遇直宿者，悬带此牌，出皇城四门不用，厨子。"背面镌阴阳双鱼纹。

此牌为宫廷大内厨子所佩戴，出入宫禁之通行之牌。一般铸造一对两件，使用者和门卫各执一件。背面阴阳双鱼纹，验证时两两阴阳相合，即可通行。

刘体智《小校经阁金石文字》和《善斋吉金录》均载有此牌，名"明厨子直宿牌"。

汉日有憙镜

罗振玉《镜话》曰："传世古镜有铭识者，始于炎汉，未见先秦物，然即无文字者，亦未见确可定为汉以前物者。"又曰："海内藏镜者，首推潍县陈氏。"

　　日有憙镜一纸，年代为西汉，陈介祺旧物。直径十四厘米。钤印："二百镜斋藏镜。"陈介祺拓本。

　　关于此镜，辛冠洁先生《陈介祺藏镜》所叙甚详："圆钮，十二连珠纹钮座。环以短斜线纹和粗凸纹圈，外施八内向连弧纹加短斜线纹，环以八分体铭文带，加短斜线纹带。素缘。"

　　铭文共三十字，前二十四字一般释为："日有憙，月有富。乐毋事，宜酒食。居必安，毋忧患。琴瑟侍，心志欢。"末六字有异议。上揭辛氏书释为："乐已□，回□日。"《国家图书馆藏陈介祺藏古拓本选编：铜镜卷》释为："乐已茂，固然日。"

张廷济《清仪阁杂咏》有咏镜文拓本诗:"金阙谁教万户修,一编多少月轮秋。披图犹怯冰寒胆,照纸还惊雪满头。梦幻秦宫兼汉殿,平章唐室与隋楼。吉祥语句分明在,说向佳人定莫愁。"

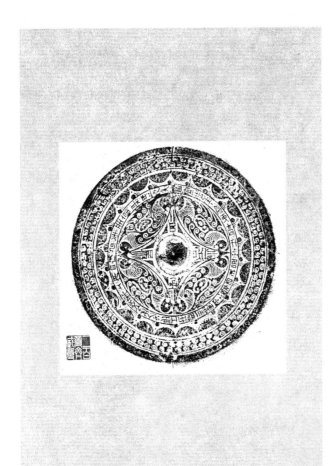

汉变形四叶镜

变形四叶镜一纸，年代为东汉，陈介祺旧物。直径十四厘米。钤印："二百镜斋藏镜。"陈介祺拓本。

关于此镜，辛冠洁先生《陈介祺藏镜》所叙甚详："圆钮，圆钮座。座外变形四叶形成亚字形框，框四端内侧各有一篆字铭文。框外四边各有旋纹，似凤，又具有兽首镜风格，究为何物，一时尚难断定，姑且名之曰'似凤'。其外为八分体铭文带、二十二内向连弧纹带和双涡纹带。素缘。"

内圈铭文："常宜子孙。"因汉镜多通假字、别字、讹字及省偏旁笔画等，外圈铭文已无法全部辨析，可辨者为："吾作明镜，幽涑三商，巧工刻之成文章，上有四守天羊至……为吏高升。"

陈氏二百镜斋藏镜现今大多止存墨本，原物据罗振玉《镜话》言"其后人不能守，大半入市舶往海东"云云。

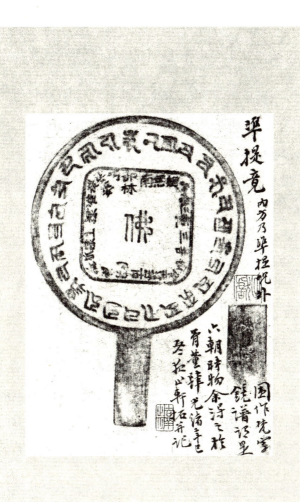

準提鏡

内方乃準提呪外

六朝時物余得之於
晉董韓光誦處
癸酉此軒石井記

围作梵字
鏡譜誤作
佛

准提镜一纸。圆径九点三厘米，柄长三点九厘米。

墨本上有晚清金石家王继香墨笔题跋："准提镜。内方乃准提咒，外围作梵字，《镜谱》说是六朝时物，余得之于骨董肆。光绪辛巳（1881）冬夜，止轩拓并记。"钤印："子献""吉祥之印"。

王继香（1860—1925），字子献，号止轩，浙江绍兴人，清光绪十五年（1889）进士，官河南开封知府。好金石、工篆刻，著有《越中古刻九种》《醉庵砚铭》等。

铭文三层。中一"佛"字，内外两层分别为汉文、梵文，乃密宗准提咒语。内层汉文二十八字："南无飒哆喃，三藐三菩提，俱胝南怛侄他淹，折隶主隶准提娑婆诃，部林。"外层梵文二十六字，大意是："向一切三藐三菩提致敬，并祈求菩萨保佑。"

准提镜不仅可作为日常用具，根据有关佛法记载，亦可用于设立镜坛，依佛法仪规做法事之用，如每日早晚对镜焚香礼拜等等。还可作为吉祥物什，将其随身携带或置于宅内，以避凶趋吉及镇宅。

此镜所铭梵文为蓝查体，六朝时流行于西藏，元代时开始在内地流行。故不从王氏之说定为六朝物，而定为元代遗物。

刘体智《小校经阁金石文字》载元准提咒镜近十品，其二即此品。

宋青铜磬

185

青铜磬一品二纸，正背两面。高十四点五厘米，广二十厘米。

磬，一种中国古代打击乐器和礼器。甲古文中磬字象形，左半悬石，右半手执槌呈击打状。磬最初乃石制，故字从石，并延续至今，尽管其质地后来也多有变化，从石制发展为玉制、铁制、铜制。先秦时期，磬为倨句形，下呈微弧形，汉代以后上下均为倨句形。

现多见汉以后之磬，三代器存世甚罕，如马衡《凡将斋金石丛稿》所言：殷周汉时，"磬之制既无花纹，又无文字，不为赏鉴家所重，故流传者少"。

此品只有花纹无铭文，年代不详，似宋代之物。磬之墨本存世不多，此为清拓。

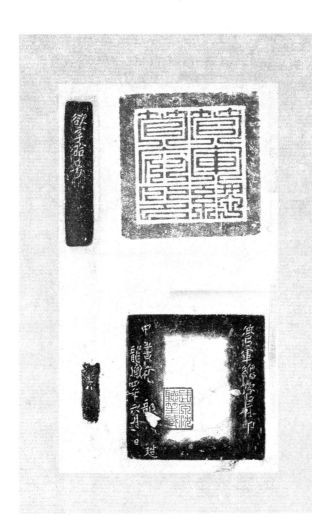

元末韓宋銅軍印

元末韩宋方形铜军印，清拓本，高八点八厘米，广八点二厘米，厚一点七厘米。拓片旧藏钤印："武原沈听笙藏。"沈光莹，号听笙，浙江海盐人，喜金石，好藏书，西泠印社早期社员。

　　背鼓，钮顶刻一"上"字。印面九叠阳文篆书六字："管军总管府印。"九叠篆文流行于宋朝，用于官印镌刻。钮右边刻"管军总管府印"六字，左边刻"中书礼部造"和"龙凤四年六月八日"，左沿刻"欲字拾号"四字，均阴刻，字体草率。

　　此品为嘉兴张氏清仪阁藏物。《清仪阁所藏古器物文》册九曰："管军总管府印，嘉庆戊寅（1818）海盐黄树升都事所贻，值银十饼。韩林儿称帝亳州，国号宋，改元龙凤。此四年岁在戊戌，为元顺宗至元十八年。道光壬午（1822）七月十九日，张廷济。"

铜印为韩宋政权所铸造之军印。印文"管军总管府"是宋元时期的军事机构，而"欲字拾号"或是军队编号。一九七六年安徽金寨有该种铜印出土，极类似。

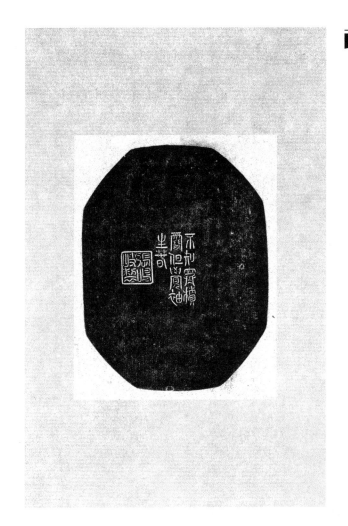

明张鸣岐制铜炉

明嘉禾（今浙江嘉兴）张鸣岐制铜手炉底铭，二品二纸，清代拓本。

其一，高十点七厘米，广八点五厘米。铭三行："不知寒积雪，但觉袖生春"，印鉴铭："张鸣岐制"。此品乃张廷济清仪阁藏物，视为逸品入录《清仪阁所藏古器物文》第七册。

其二，高九厘米，广六点五厘米。铭二行："不知寒致，但觉春回"，印鉴铭："张鸣岐制"。拓片藏印："听笙长物。"沈光莹旧藏墨本。

张岱《陶庵梦忆》有"诸工"篇："竹与漆与铜与窑，贱工也。嘉兴腊竹，王二之漆竹，苏州姜华雨之梅绿竹，嘉兴洪漆之漆，张铜之铜，徽州吴明官之窑，皆以竹与漆与铜与窑名家起家，而其人且与缙绅先生列坐抗礼焉。则天下何物不足以贵人，特人自贱之耳。"其中的"张铜"，即指铜匠张鸣岐，善制薰炉。

王士禛《池北偶谈》则有"一技"篇："近日一技之长，如雕竹则濮仲谦，螺甸则姜千里，嘉兴铜炉则张鸣岐，宜兴泥壶则时大彬，浮梁流霞盏则吴十九（号壶隐道人），江宁扇则伊莘野、仰侍川，装潢书画则庄希叔，皆知名海内。如陶南村所记朱碧山制银器之类。所谓虽小道，必有可观者欤！"

张鸣岐制铜炉，明末清初即为嘉禾名物。《嘉庆嘉兴县志》卷十七"物产"载："张炉，朱彝尊《鸳鸯湖棹歌》：'不及张铜炉在地，经冬长暖牡丹鞋。'自注：'里有张鸣岐，制铜为薰炉，闻于时。'彭孙遹诗：'不惜里蹄金一饼，鸳鸯湖畔铸张炉。'"又，卷二十六"艺术"载："张鸣岐，县人，制铜为炉，无不精绝。初鸣岐居谢洞口，项元汴见而异之，招居于郡，名大著。"

朱彝尊全诗见《鸳鸯湖棹歌》之二十六首："梅花小阁两重阶，屈戍屏风六扇排。不及张铜炉在地，三冬长暖牡丹鞋。"手艺人获得了士大夫的赞赏。

乾隆年间，南京工匠即多仿制张炉，见项映薇《古禾杂识》："惟张炉甚多，著名远近，造者率金陵人。"

史传张鸣岐制铜炉只留印铭而不铭款，于此二纸可见一斑。

明末清初沈存周制锡壶

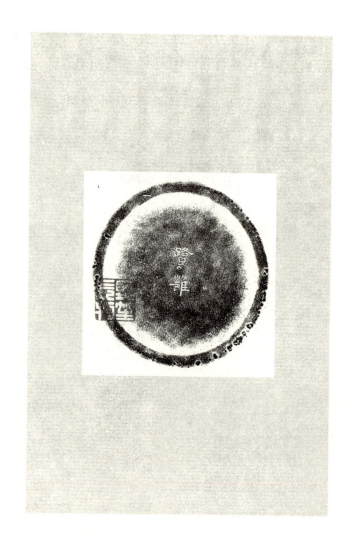

196

明末清初嘉禾沈存周制锡茶壶铭，二品二纸，清代拓本。

其一，侧铭，高七点三厘米，广五厘米。铭四行："茶莫贵于龙凤团。杜工部句，沈存周。"起首印"茗"，末连珠印"存""周"。

其二，底铭，直径七点三厘米。铭款"鹭雓"。拓片旧藏印："听笙长物。"沈光莹旧藏墨本。

沈存周制锡壶，清初即为嘉禾名物。《嘉庆嘉兴县志》卷十七"物产"载："沈锡，汪上塂《范湖文钞》：沈存周，所制最雅驯，有壶以给茶具，有斗以饮酒，有盂以贮水，为笔墨所相须。其酒壶，以僧伽帽为上，次莲花，又次桃核。"又，卷二十六"列传"载："沈存周，字鹭雓，县之春波里人，尝从盛远学诗，书亦有致，其所自见则在于锻以锡制壶，雕镂诗句，姓氏图印，即世工书善篆者不能过。"

钱载《萚石斋诗集》有《戴仪部文灯斋饮沈存周锡斗歌》，咏曰："蜡花摇摇客半醉，重为主人拈旧器。吾州薄技近已无，可怜流转还供士女娱。张铜炉，黄锡壶，匏尊王周银盌朱。（张鸣岐、黄元吉、王太朴、周北山、朱碧山，俱嘉兴元明以来各名其所工者）后来沈老亦煎锡，粉合茶食常接觌。只如此斗方口酌酒多，环镌杜甫《饮中八仙歌》。我今一斗三斗五斗过，欲放未放愁摩挲。款记康熙岁戊戌，是岁仆龄才十一。鬖丝回忆春波桥，沈老门前绿杨密。"

宋咸熙《耐冷谭诗话》写到："曩读《萚石斋诗》，有《戴仪部文灯斋饮沈存周锡斗歌》。……萚翁去制器时仅六七十年，已宝重如此，今愈少矣。近见桐乡时灵兰上舍镛藏一斗，盖存周自制诗镌于斗旁，以祝竹垞太史寿者，中镌隶书'酌以大斗，以祈黄耇'八字诗云云。元明以来，如朱碧山之银槎，张鸣岐之铜炉，黄元吉之锡壶，皆勒工名以垂后世。不闻其能诗也。若存周者，尤不可及也。"

乾隆年间，沈存周制锡壶已为稀罕，见项映薇《古禾杂识》："壶之精者，向称黄锡、沈锡，今已绝响矣。"

中国历史博物馆藏有沈存周制锡茶壶一把，壶身两侧均有铭："世间绝品人难识，闲对茶经忆古人。陆希声句，

198

沈存周书"；"爱甚真成癖，尝多合得仙。徐铉句，存周再笔"。均镌连珠印"存""周"。

看来沈存周似喜雕镂连珠印款记。世传沈氏能诗，然其存世锡壶则多见铭先人诗句也。

鲍昌熙：《金石屑》，清光绪二年刻本。

滨田青陵等：《泉屋清赏》，日本住友家族一九一八年珂罗版印本。

陈介祺：《簠斋吉金录》，邓实辑，台联国风出版社一九八〇年影印本。

陈介祺：《簠斋金文题识》，陈继揆整理，文物出版社二〇〇五年。

陈介祺：《簠斋尺牍》，陈敬第辑，一九一九年商务印书馆石印本。

初尚龄：《吉金所见录》，清道光五年刻本。

戴熙：《古泉丛话》，台北广文书局一九八〇年影印本。

邓实：《神州国光集》，清末珂罗版印本。

董逌：《广川书跋》，浙江人民美术出版社二〇一六年。

端方：《陶斋吉金录》，清光绪三十四年石印本。

端方：《陶斋吉金续录》，清宣统元年石印本。

冯云鹏、冯云鹓：《金石索》，清道光刻本。

李遇孙等：《金石学录三种》，浙江人民美术出版社二〇一七年。

刘雨、沈丁、卢岩、王文亮：《商周金文总著录表》，中华书局二〇〇八年。

刘德隆、朱禧、刘德平：《刘鹗及〈老残游记〉资料》，四川人民出版社一九八五年。

刘体智：《善斋吉金录》，民国印本。

刘体智：《小校经阁金石文字》，一九三五年石印本。

刘喜海：《长安获古编》，清光绪刻本。

刘心源：《奇觚室吉金文述》，清光绪石印本。

罗振玉：《罗振玉学术论著集》，上海古籍出版社二〇一〇年。

罗振玉：《贞松堂集古遗文》，北京图书馆出版社二〇〇三年。

罗振玉：《三代吉金文存》，中华书局一九八三年。

罗振玉：《秦金石刻辞》，一九一四年上虞罗氏珂罗版印本。

罗振玉：《历代符牌图录》，中国书店一九九八年影印本。

马衡：《凡将斋金石丛稿》，中华书局一九七七年。

钱泳：《履园丛话》，中华书局一九七九年。

钱载：《箨石斋诗集　箨石斋文集》，上海古籍出版社二〇一二年。

瞿中溶：《集古虎符鱼符考》，一九二一年东方学会排印本。

瞿中溶：《瞿木夫先生自订年谱》，民国刘氏嘉业堂刻本。

容庚：《商周彝器通考》，中华书局二〇一二年。

容庚：《秦汉金文录》，中华书局二〇一二年。

容庚：《海外吉金图录》，一九三五年考古学社印本。

阮元：《积古斋钟鼎彝器款识》，清嘉庆九年刻本。

沈括：《梦溪笔谈》，中华书局二〇一六年。

盛大士：《泉史》，道光十四年刻本。

司能任：《嘉庆嘉兴县志》，海南出版社二〇〇一年影印本。

宋咸熙：《耐冷谭诗话》，一九一四年扫叶山房石印本。

王辰：《续殷文存》，一九三五年上海书局印本。

王士禛：《池北偶谈》，中华书局一九八二年。

王献唐：《国史金石志稿》，青岛出版社二〇〇四年。

魏锡曾：《魏稼孙先生集》，清光绪九年刻本。

翁树培：《翁比部诗钞》，民国吴兴刘氏嘉业堂刻本。

吴云：《两罍轩彝器图释》，清同治十二年两罍轩刻本。

吴云：《两罍轩尺牍》，清光绪刻本。

吴大澂：《恒轩所见所藏吉金录》，清光绪刻本。

吴大澂：《愙斋集古录》，日本一九七六年影印本。

吴大澂：《权衡度量实验考》，台北艺文印书馆一九七四年影印本。

吴荣光：《筠清馆金石文字》，清道光二十二年吴氏刻本。

吴式芬：《攈古录金文》，清光绪二十一年吴重憙刻本。

项映薇、于源：《古禾杂识　灯窗琐话》，文物出版社二〇一六年。

辛冠洁：《陈介祺藏镜》，文物出版社二〇〇一年。

徐康：《前尘梦影录》，中国美术学院出版社二〇〇〇年。

徐同柏：《从古堂款识学》，清光绪三十二年石印本。

薛尚功：《历代钟鼎彝器款识法帖》，浙江古籍出版社二〇一二年。

张岱：《陶庵梦忆　西湖梦寻》，中华书局二〇〇七年。

张穆等：《阮元年谱》，中华书局一九九五年。

张曜、杨士骧、孙葆田等：《山东通志》，一九一五至一九一八年排印本。

张廷济：《清仪阁所藏古器物文》，民国影印本。

张廷济：《清仪阁杂咏》，清道光十九年刻本。

张廷济：《顺安诗草》，清道光二十八年刻本。

仲威：《纸上金石：小品善拓过眼录》，文物出版社二〇一七年。

邹安：《周金文存》，一九二一年上海广仓学会印本。

朱彝尊：《鸳鸯湖棹歌》，浙江古籍出版社二〇一二年。

国家计量总局、中国历史博物馆、故宫博物院：《中国古代度量衡图集》，文物出版社一九八四年。

国家图书馆金石拓片组：《国家图书馆藏陈介祺藏古拓本选编：青铜卷》，浙江古籍出版社二〇〇八年。

中国社会科学院考古研究所：《殷周金文集成》，中华书局二〇〇七年。

图书在版编目(CIP)数据

拾金不昧集/陈郁著. —上海:上海人民出版社,
2017

ISBN 978 - 7 - 208 - 14706 - 5

Ⅰ.①拾…　Ⅱ.①陈…　Ⅲ.①古器物-介绍-中国

Ⅳ.①K875

中国版本图书馆 CIP 数据核字(2017)第 187120 号

责任编辑　赵　伟
封面设计　陈　酌

拾金不昧集

陈　郁　著

世 纪 出 版 集 团

上海 人 民 出 版 社 出版

(200001　上海福建中路193号　www.ewen.co)

世纪出版集团发行中心发行　　常熟市新骅印刷有限公司印刷
开本 787×1092　1/32　印张 7　插页 5　字数 86,000
2017 年 9 月第 1 版　2017 年 9 月第 1 次印刷
ISBN 978 - 7 - 208 - 14706 - 5/K · 2679

定价 36.00 元